Astrid Haase-Türk

Tango Argentino

Astrid Haase-Türk

Tango Argentino
eine Liebeserklärung

Tanzkurs, Kult und Sinnlichkeit

blv

Inhalt

6 Vorwort

8 Heimat Buenos Aires

10 Gestern & Heute
16 Die Musik
20 Die drei Tänze
23 Tipps
24 Die Tanzhaltung »Abrazo«
25 Tanzfiguren (Basis-Elemente)

58 Exil Paris

60 Le Tango
62 Bühne & Salon
63 Tipps
64 Die Gang-Art
65 Tanzfiguren (Basis-Figuren)

98 Tangofieber in Deutschland

100 Kult & Szene
102 Die Welt zu Gast
104 Mann und Frau
106 Maestros und andere Lehrer
108 Interview mit Nicole Nau
109 Tipps
110 Führen und Folgen
111 Tanzfiguren (Aufbau-Figuren)

144 Tangomanie International

146 Finn-Tango
147 London goes Tango
150 WM in Miami
151 Zum Tango nach Moskau
152 Tipps

154 Anhang

154 Musik & Literatur • 156 Glossar

Verzeichnis der Tanzfiguren

25 Basis-Elemente

26 Einführung

28 Stehen, mit verschiedenen Grundstellungen

30 Stehen, mit verschiedenen Tanzhaltungen

32 Gehen, vorwärts und rückwärts

34 Gehen, seitwärts

36 Gehen, rechts vorbei

38 Gehen, links vorbei)

40 Wiegen, vorwärts/rückwärts

42 Wiegen, seitwärts

44 Wiegen, rechts ubnd links vorbei

46 Drehen, kurven

48 Drehen, zirkeln

50 Drehen, Wiegen

52 Stoppen, mit Richtungswechsel

54 Stoppen, mit Seitenwechsel

56 Stoppen, mit »Valentino«

65 Basis-Figuren

66 Einführung

68 Salida/Base, Schritte 1–8

70 Salida/Base, mit Linksdrehung

72 Salida/Base, Variation I + II

74 Salida/Base, Variation III + IV

76 Baldosa, Karree-Schritte 1–6

78 Baldosa, Karree-Schritte 1–12

81 Baldosa, Karree als Linksdrehung

82 Cunita, Wiege-Linksdrehung

84 Cunita, Wiege-Rechtsdrehung

86 Ochos, Achter-Kehren vorwärts

88 Ochos, Achter-Kehren rückwärts

90 Ochos, Achter-Kehren, Sie vorwärts/Er rückwärts

92 Ochos, Achter-Kehren, Sie rückwärts/Er vorwärts

94 Media Luna, halbe Linksdrehung

96 Media Luna, halbe Rechtsdrehung

111 Aufbau-Figuren

112 Einführung

114 Sanguichito, Sandwich

116 Ochos Cruzados, Achter-Kehren mit gleichen Füßen

118 Escapada, Eskapade

120 Molinete, Mühle nach rechts

122 Molinete, Mühle nach links

124 Molinete, Mühlen im Wechsel

126 Molinete, Mühle mit Stopp

128 Gancho, Beinhaken aus dem Stopp

130 Gancho, Beinhaken im Drehen

132 Voleo, Lufthaken aus Achter-Kehren rückwärts

134 Voleo, Lufthaken aus Achter-Kehren vorwärts

136 Sacada, Hebelbewegung

138 Espejo, Promenadenschritt rückwärts

140 Círculo, Zirkel

142 Pose Final, Endposen

Lust auf Tango

Tango Argentino, der ursprüngliche Tango wird nach anspruchsvoller, nicht strikt gespielter Musik improvisiert getanzt und vom Mann geführt. Die Frau erhält die Rolle einer selbstständigen aber abwartenden, einfühlsamen Partnerin, die höchst sensibel auf die feinen Führungsimpulse des Mannes reagiert. In der Umarmung (abrazo), wie die Tango-Tanzhaltung genannt wird, entspinnt sich zwischen den Tanzenden eine zarte Sinnlichkeit, die das Tangopaar wie magisch verbindet. Dieser Genuss ist für Außenstehende oft nur erahnbar, die Tänzer schließen oft ihre Augen um sich tief in den anderen hineinzuspüren. Argentinischer Tango ist ritualisierte Erotik und glühende Passion, ein nostalgischer Tanz, dessen Faszination heute wieder unsere Leidenschaft weckt. Kein Wunder, dass dieser Tango Argentino gerade in unserem technischen Zeitalter der Kommunikationsrevolution durch E-Mail und Internet, in dem die ultimative Musikrichtung »Techno« heißt, einen solchen Boom erfährt. Vielleicht sind es die Defizite an Berührung, die Vereinsamung der Computer-Singles, die Sehnsucht der Seelen nach Nähe oder einfach die Lust sich gemeinsam einer virtuosen Musik frei hinzugeben. Überall entstehen Tangoschulen, werden Prácticas und Milongas angeboten, Konzerte, Shows und Festivals veranstaltet und Unterricht von heimischen oder argentinischen Tänzern und Tänzerinnen angeboten. Für Tangointeressierte gibt es alles, was das Herz begehrt, von Fachzeitschriften bis Ferienreisen und auch andere tanzfremde Produkte bedienen sich des sinnlichen Images des Tango Argentino. Es sind die 25- bis 60-jährigen, die sich von dem ge-

fühlsstarken Paartanz besonders angezogen fühlen. Viele wollen dem Alltag für ein paar Stunden entfliehen, sich verkleiden, in eine andere Haut, in eine andere Welt schlüpfen, Nähe bei Fremden suchen und pure Sinnlichkeit erfahren.

Wenn es darum geht, ein geschickter Tänzer und eine begehrte Partnerin zu werden, stehen die meisten vor einer Reihe von Fragen: Wie lernt man Tangotanzen, wo findet man in der Nähe entsprechende Lehrer und Tanzveranstaltungen, was zieht man an, wie kann man Tanzfiguren nachlesen und üben, wer erzählt einem etwas über die Geschichte des Tango und sein Umfeld …? Dieses Buch soll nicht nur Lust auf Tango machen, sondern gibt auch Antworten auf diese und mehr Fragen. Viele Jahre Unterrichtserfahrung führten zu einem didaktisch ausgereiftem »Schritt-für-Schritt« Tangokurs mit fünfundvierzig Tanzfiguren. Noch nie zuvor wurde in einem Buch über Tango Argentino eine so große Anzahl von Tangofiguren so ausführlich beschrieben. Es beginnt mit 15 Basis-Elementen zum sofortigen Mitmachen, darauf folgen 15 Basis-Figuren und schließlich 15 Aufbau-Figuren. Alle Figuren sind so klar und logisch aufgebaut, dass sie sich Ihnen auf ganz natürliche Art erschließen. Jede Figur ist als ein Baustein beschrieben, sodass eine selbständige Verbindung aller Elemente möglich ist. Es ergeben sich unzählige Kombinationen, die je nach Musik, Partnerin und Tagesform entsprechend getanzt werden können. Auch wenn nicht jedem das Neuerlernen von Figuren aus Büchern leicht fällt, bietet das Buch eine enorme

Hilfe zur Wiederholung und wirklichem Verstehen der im Tanzunterricht gelernten Schritte. Über 200 exzellente Serienfotos in Farbe begleiten die Tanzschritte und helfen, sich die Bewegungen vorzustellen und nachzutanzen. Natürlich kann ein Buch nur den Einstieg erleichtern, einen Fachunterricht aber nicht ersetzen, ihn wohl aber hilfreich ergänzen.

Der Tangotänzer erfährt in »Tango Argentino« nicht nur Tanztechnisches über diesen Tanz, sondern lernt seine argentinischen Ursprünge, seine Musik, seine Renaissance, seine Rituale, seine Stars, sein Lebensgefühl, seine Kult-Kultur und seine Verbreitung über Paris in Europa und der ganzen Welt kennen. Sie werden entführt in die verschiedenen Tangoszenen, denn Tango in Paris unterscheidet sich von Tango in Madrid, in Moskau, in Hamburg, Berlin oder München. Auch finnischer Tango hat seinen eigenen Stil, trotzdem ist alles immer Tango. Jede Kultur bringt ihre nationale Emotion und Tradition mit und lässt sie in den Tango hineinfließen, denn dieser Tanz ist offen und modifizierbar durch musikalische und tänzerische Improvisation. Dieses Buch ist eine Mischung aus Lehrbuch und Liebeserklärung an einen der schönsten Tänze der Welt und soll Lust machen, sich dem Tango hinzugeben und zu tanzen.

Verbindlicher Dank geht an die Demonstrationspaare Anja Schöberl und Christian Lindbüchl, Ursula Jennings und Albert Burger, Martina Lackner und Henning Schlicht, den Münchner Fotografen Ulli Seer, die alle zum Gelingen der Bildserien beigetragen haben, Clemens Kuby, Ruth Rall und Erwin Geiss, die Schmuckbilder beigesteuert haben, Monika Nisl (Tanzschuhe Otto München) für die Bereitstellung von Tanzschuhen und die Firma Hollywood, Garching für die Leihgabe von Tangokleidung. Herzlicher Dank geht an meine Freunde, die Tangolehrer Peter Hölters und Martina Schürmeyer, und an meine Fachbuchpartnerin Dr. Gertrude Krombholz für ihre tanztechnische Beratung, inhaltliche und redaktionelle Unterstützung. Bei den internationalen Tangotänzern und -lehrern Graciela Goncalez B.A., Pablo Nievas B.A., Mora Godoy & Juan Horvath & Company, B.A., Omar Vega, Ricardo & Nicole Nau Klapwijk und Luis Pereya, Rotterdam/B.A. Düsseldorf, Gloria & Eduardo Aquimbau B.A., Carlo Gavito B.A., Liliana Nakada & Kenji Nozawa Tokyo, Adrian Veredice & Alejandra Hobert B.A. Gustavo Naveira B.A., Fernanda Ghi & Guillermo Merlo California/B.A., Pablo Veron Paris bedanke ich mich für ihren interessanten Tangounterricht, unsere inspirierenden freundschaftlichen Gespräche und das attraktive Fotomaterial. Besonderer Dank geht an meine beiden Tangoassistenten Florian Bielefeldt und Henning Schlicht für ihren umfangreichen Einsatz für das Thema Tango und ihre unverzichtbare Hilfe beim Analysieren der Tangoschritte, an die Lektoratsleiterin Sabine Schulz und das BLV-Team, die mit Geduld und Kreativität dieses Projekt begleitet haben, an meinen Sohn Julian Leis und meinen Lebenspartner Clemens Kuby, ohne deren Unterstützung und Verständnis dieses Buch nicht möglich gewesen wäre.

Astrid Haase-Türk

La Cumparsita

Si supieras, que aún dentro de
mi alma,
conservo aquel cariño
que tuve para ti …
Quién sabe si supieras
que nunca te he olviado,
voviendo a tu pasado
te acordarás de mi …

Los amigos ya no vienen
ni siquiera a visitarme,
nadie quiere consolarme
en mi aflicción …
Desde el día que te fuiste
Siento angustias en mi pecho.
decí, percanta, ¿qué has
hecho
de mi pobre corazón?

Sin embargo, yo siempre te
recuerdo
con el cariño santo
que tuve para tí.
Y estás con todas partes,
pedazo de mi vida,
y aquellos ojos que fueron mi
alegría
los busco por todas partes,
y no los puedo hallar.

Al contorro abandonado
ya ni el sol de la mañana
asoma por la ventana
como cuando estabas vos,
y aquel perrito compañero
que por tu ausencia no
comía
al verme solo el otro día
también me dejó.

Pascual Contursi und Enrique Pedro Maroni

Heimat
Buenos Aires

Gestern & Heute

»Da me la lata« ist ein bekanntes Tangolied und bedeutet »Gib mir das Blech!« In den Bordellen von Buenos Aires war es üblich, dass der Kunde, dem eine Miloguita gefiel, an der Bar eine Blechmarke lösen musste, um mit der Frau seiner Wahl zu tanzen.

In seiner über hundertjährigen Geschichte hat sich der Tango in Musik, Lyrik und im Tanzstil ständig verändert und war immer Ausdruck des jeweiligen Zeitgeists. Als zwischen 1855–1880 Europa am Rande des wirtschaftlichen Ruins stand, suchten Millionen europäischer Auswanderer ihr Glück auf dem lateinamerikanischen Kontinent. Sie ließen ihre Familien und Freunde zurück, um im Land der Verheißung das große Geld zu machen.

Nach einer Reihe von Auswandererwellen begründet sich das so genannte »Goldene Zeitalter«, das von 1880 bis etwa 1910 reichte, in dem Massen von billigen Arbeitskräften und europäisches Know-how für einen gewaltigen wirtschaftlichen Aufschwung in Argentinien sorgten. Wenn auch das Land ein Wirtschaftswunder erlebte, blieb für die meisten Einwanderer der erhoffte Reichtum nur eine Illusion und sie fristeten ein hartes Leben voller Armut und Sklavenarbeit, Einsamkeit und Verzweiflung.

Viele landeten am Río de la Plata, in der Hafenstadt Buenos Aires. Beinahe die Hälfte der Immigranten stammte aus Italien, etwa ein Drittel aus Spanien, aber auch aus Frankreich, Russland, England, Deutschland, Polen, Armenien und Syrien kamen die Menschen. Die Neuankömmlinge siedelten in den ärmlichen Vororten der Metropole zusammen mit argentinischen Bauern, Gauchos und Kriminellen, eingepfercht in so genannte Conventillos, Mietskasernen, in denen fünf oder sechs Männer

in einem Zimmer hausten. Am Abend traf man sich auf den Straßen und in Bars, wo Musik und Alkohol die Gefühle von Heimweh und Entwurzelung betäuben sollten.

Durch die Einflüsse dieses multikulturellen Publikums entstand in den Vergnügungszentren von

▷ Fassadenmalerei in San Telmo
▽ Gitarrenspieler in San Telmo

Buenos Aires eine neue Musik, ein neuer Rhythmus, ein neues Genre von Chansons und ein neuer Tanz – der Tango. Er begann mit Flöte, Geige, Gitarre, Akkordeon und Klavier und erhielt später durch das Bandoneón seinen unverwechselbaren Klang. Im Tango drückte eine Außenseitergesellschaft ihre Gefühle, ihre Sehnsüchte, Enttäuschungen und ihren Kummer aus. Tangomusik und Tangotexte wurden weitgehend improvisiert und entwickelten sich zu einer Art Blues von Buenos Aires.

Die emotional und sozial problematische Mangelsituation: zwei Drittel heiratsfähige Männer und nur ein Drittel junge Frauen, trieb die einsamen *Porteños*, wie man die Einwohner von Buenos Aires heute noch nennt, in die zahlreichen Bordelle. Es bildeten sich Syndikate zum Import tausender hellhäutiger Frauen aus aller Welt, ein umfangreicher, teils durch Hilfsorganisationen getarnter Betrieb von Freudenhäusern und eine regelrechte Zuhältermafia. In diesem speziellen Milieu entstand der Tango. Zuhälter benutzten die erotisierende Kraft dieses Tanzes, um potenziellen Kunden ihre Mädchen *(Milonguitas)* schmackhaft zu machen. Alle Tanzfiguren, die enge Umarmung, die Geschicklichkeit im Drehen des Unterkörpers, die schnellen scherenartigen Beinaktionen der Frau *(Ochos, Voleos* und *Ganchos)*, sollten die Fähigkeiten der Prostituierten und die zu erwartenden Freuden für die Kunden sichtbar machen. Tango-Choreografien waren kommerziell auf sexuelle Anreize gerichtet und ließen den Satz entstehen: »Tango ist der vertikale Ausdruck eines horizontalen Bedürfnisses«. Einerseits spiegelte sich im Tango die sozial entwürdigende Situation der Frauen, die durch Prostitution, Mädchen- und Frauenhandel in sklavenartiger Abhängigkeit lebten. Andererseits spürten die Frauen einfacher Herkunft ihre durch den eklatanten Männerüberschuss gewachsene Macht und nutzten Sexualität als »gewisse Chance der

Selbstverwirklichung« (Dieter Reichardt, Hamburger Tangoforscher).

Die verführerischen Bewegungen des Tangos waren nicht nur animierend, sondern auch eine Herausforderung. Bald unterrichteten Zuhälter auch andere Männer, die sich zu profilieren suchten, um den wenigen Frauen, die in den Klubs zur Verfügung standen, durch die Beherrschung komplizierter Schrittkombinationen zu imponieren. Tango entwickelte sich vom romantisch sehnsüchtigen Animiertanz zum Hahnenkampf, zum getanzten Duell zwischen den Herausforderern. So ist der Satz zu verstehen: »Tango ist ein Argument, das man tanzt«. Im Tango spiegelten sich gesellschaftlicher Überlebenskampf, Lust, Eifersucht und Gewalt: Die Texte

und die eleganten, exakten Bewegungen erregten große Bewunderung. In den Armen seiner Partnerin Carmencita Calderón starb er 1942 unmittelbar nach seiner letzten Tango-Show. Carmencita tanzt noch heute, mit über 95 Jahren.

Weil es in den gehobenen Kreisen üblich war, seine Kinder zum Studium nach Paris zu schicken, wanderte die Tangobegeisterung um 1900 an die Seine und verbreitete sich wie eine Sucht. Natürlich veränderte die elegante europäische Umgebung die Tango-Choreografien und die Bewegungen wurden züchtiger, aber auch raffinierter. Von Paris aus breitete sich das Tangofieber über ganz Europa aus und ergriff Besitz von allen Schichten. 1914 kam der Einbruch, Kaiser Wilhelm II verbot den Tango wegen seiner Anzüglichkeit in Deutschland und auch der Papst fand den Tanz schamlos und empfand ihn als Angriff auf Familie und Gesellschaft. Trotzdem war der Tanz so beliebt und etabliert, dass er weiterhin getanzt und in seinem Ursprungsland von der breiten Bevölkerung ebenso wie der High Society geschätzt wurde.

berichteten von Kriminalität, geschändeten Frauen und verlassenen Männern. Die Tanzfiguren waren voller Ekstase und Aggressivität, enthielten bisweilen Rituale von Misshandlungen und wechselseitiger Bedrohung. Obwohl die feine Gesellschaft über diesen ungehörigen Tanz die Nase rümpfte, wurde der Tango doch immer reizvoller für sie. Langsam fand der Tango seinen Weg in die Cafés und Tanzhallen und unterwanderte als Modetrend die Oberschicht von Buenos Aires. Im berühmten Café Tortoni, das 1885 eröffnete, wurde regelmäßig Tangomusik gespielt, gesungen und getanzt. Die elegante Gesellschaft fand den Tango plötzlich schick und erfreute sich an Eleganz und Erotik dieses Tanzes. 1911 erhielt der legendäre Tangotänzer und Tangolehrer »El Chafaz« (José Ovidio Boanquet) in einem Tanzwettbewerb den ersten Preis und damit freien Eintritt in alle Tanzsäle. Seine aufrechte Haltung

Als 1919 in Argentinien die Bordelle geschlossen wurden, verlagerte sich der Tango auf die Bühnen der Kabaretts und Theater. Außerdem wurden *Milongas* (Tangotanzabende) und *Prácticas* (Gruppenunterricht) in Gesellschaftsklubs abgehalten, wo sich Jung und Alt zum Tanzen traf. Tangogesänge waren in Mode, nicht mehr so obszön wie früher, aber immer noch vulgär, mit den Themen des einfachen Volkes. Einer der berühmtesten Interpreten war Carlos Gardel (1890–1935): Ausgestattet mit einer begnadeten Stimme und einem unverwechselbaren Timbre

erlangte er als Musiker, Komponist, Schauspieler und Sänger von Tangoliedern Weltruf. Auch einige Exporttänzer machten außerhalb von Argentinien Karriere, wie der argentinische Tänzer Rudolfo Valentino, der 1921 durch den Film »The Four Horses of the Apocalypse« das Image des Tangos von Romantik und Leidenschaft im Ausland schuf. International entwickelte sich der Tango zum anerkannten Gesellschaftstanz und wurde 1922 in London im Rahmen des Welttanzprogramms dem englischen Bewegungsstil angepasst. Von da an wurde zwischen der ursprünglichen Form, dem Tango Argentino, und der von den Engländern systematisierten Form, dem internationalen Tango, unterschieden.

Der Tango-Boom in Argentinien hielt trotzdem an, Juan Carlos Copes und Maria Nieves gewannen 1952 in Buenos Aires einen Tanzwettbewerb im »Luna-park« und wurden zur Tangolegende. In der Zeit nach dem Tod von Eva Peron 1952 kamen jedoch neue Rhythmen wie Rock'n'Roll und Swing auf, die die Tanzflächen eroberten. Als bei der folgenden Musikwelle der 60er Jahre Beat und Underground Rock sowie Solo-Dancing modern wurden, geriet der Tango in den Hintergrund. Dem Tänzer, Choreografen und Autor Juan Carlos Copes ist es zu verdanken, dass trotz dieser Entwicklung 1962 eine Tango-Show namens »New Faces '62« an den Broadway und dreimal in die Ed-Sullivan-TV-Show kam und Amerika dadurch an den fast vergessenen Tanz erinnert wurde. Copes hielt die Tangoflamme lebendig, obwohl sich damals die Mehrheit des Publikums, weder im eigenen Land noch anderswo, für diesen nostalgischen Tanz interessierte.

Nach 1955, in den harten Zeiten argentinischer Militärdiktatur, wurde es um den Tango sehr still und viele Künstler übten ihre Musik und Tanzkunst im Exil, in Nordamerika oder Europa, häufig in Paris

aus. Hier schien sich international die Stimmung langsam zu ändern. Mit der Diskomusik, dem Hustle und Disco-Swing, kehrte in den 70er Jahren die Mode, paarweise zu tanzen zurück. Die Show »Tango Argentino« wurde 1983 ein gigantischer Publikumserfolg mit Auftritten am Broadway, in allen Staaten der USA, Frankreich, Italien, Japan

Mora & Carlos

Gestern & Heute

14

Buenos Aires

> »Tango ist die
> Paarung zweier Men-
> schen, die der Welt
> ohnmächtig gegen-
> überstehen und nicht
> fähig sind, die Dinge
> zu ändern«.
>
> Juan Carlos Copes,
> Tänzer und Choreograf

und Deutschland. Vier Jahre lang begeisterte sie die Menschen und zeugte eine Flut von Nachfolgeshows und Tanzveranstaltungen. Immer mehr Musicals, Shows und Tango-Opern wurden geschrieben und aufgeführt: »Tango Argentino«, »Tango For Two«, »Forever Tango«, »Tango Pasión« und »Todo Tango de Buenos Aires« z.B. tourten von Stadt zu Stadt, weltweit über Jahre hinweg. Im Kino feierte der Tango sein Comeback mit einer Reihe von Kult-filmen wie »Tango Lesson« von Sally Potter (mit Pablo Veron, 1997) und ein Jahr später »Tango«

von Carlos Saura (u.a. mit Altstar Juan Carlos Copes) und der Popstar Madonna übernahm in dem Film »Evita« die Hauptrolle der Evita Perón und rückte damit Argentinien und den Tango wieder ins Licht der Aufmerksamkeit. Nicht nur die Kinos, sondern auch die Tanzsäle füllten sich mit lernfreudigen Tänzern und die Renaissance des Tangos war voll-zogen.

Die Tango-Renaissance in Europa und der ganzen Welt hat auch zu einem Reimport des Tanzes in sein Ursprungsland geführt. Seit einigen Jahren haben die Argentinier, insbesondere die Bewohner von Buenos Aires, beschlossen, den begehrten Tanz in seiner Wiege wieder zu pflegen und bemühen sich um die Erhaltung dieses Kulturgutes. Auf den Flughäfen, den Bahnhöfen und Einkaufszentren erklingt life Tangomusik, auf den Straßen wird Tango getanzt, z.B. sonntags in dem berühmten Künstlerviertel San Telmo, auf der Plaza Dorego neben dem traditionel-len Flohmarkt: arrivierte Showtänzer neben blutigen Anfängern, skurrile Tangofossile neben grazilen Tango-Eleven.

Nicht nur Touristen interessieren sich für den Tango, auch die Bewohner von Buenos Aires lieben ihn und entwickeln die Tradition dieses sinnlichen Tanzes weiter. Bühnen und Konzertsäle bieten ein reiches Angebot von Tango-Veranstaltungen: Buenos Aires macht seinem Ruf als Metropole des Tango alle Ehre. Das Tango-Musical »Tanguera« (mit Mora Godoy als Choreografin und Primaballerina) lief ab Januar 2002 vier Monate durchgehend erfolgreich auf der Prachtstraße Independencia. Auf der »Akademia de Tango« wird Tango zum Hochschulfach und die Kompositionsklassen bilden ein Heer von jungen

◁ »Tango Pasión«
▷ Nicole & Ricardo

Talenten für Tangomusik aus. Jedes Jahr treffen sich
hunderte von Tangolehrern aus der ganzen Welt bei
der Fachlehrertagung »Cita« oder dem »World
Dance Festival«, um sich weiterzubilden und die
Gemeinsamkeiten im Tanzstil zu überprüfen. In
kostenlosen Programmheften (»el tangauta«, »B.A.
Tango«, »Buenos Aires Day & Night«, »El compa-
drito«) erfährt der Tangotänzer und die Tangotänzerin wöchentlich, monatlich oder vierteljährlich
neu, wo wann was stattfindet. Es werden Übungs-
treffen *(práctica)*, Unterricht *(ensenianza)* für alle
Leistungsstufen, Tanzabende *(milongas)* in zahlreichen Klubs und Lokalen, Tangokunst, Tangokonzerte und Shows angeboten. Überall warten
exzellente Tangopaare und hochklassige Tangolehrer
auf bildungshungrige Tänzer und ein ganzer Fern-
sehkanal »Solo Tango« sendet seit 1995 rund um die
Uhr ausschließlich Tangothemen.

So deutlich sich der aktuelle Tango vom Tango des
»Goldenen Zeitalters« unterscheidet, so ähnlich ist
der gesellschaftliche Rahmen, der gestern wie heute
zu einer weltweiten Tangosehnsucht führte und noch
immer führt. Wirtschaftliche Depression, gesellschaftliche Ausgrenzung und Vereinsamung mit unterschiedlichen Ursachen sind weltweite Phänomene,
die mit dafür verantwortlich sind, dass so viele Menschen heute wieder den Tango suchen. Hier finden
sie Freiheit der tänzerischen Improvisation, körper-
liche und seelische Nähe, Gefühle der Gemeinsam-
keit und Wertschätzung, gute Musik, Sinnlichkeit
und Erotik.

Man kann verstehen, warum der Tango in einer
so gefühlsstarken Stadt wie Buenos Aires seine kulturelle Heimat hat und warum die Faszination
Tango beginnt sich über die ganze Welt auszu-
breiten. Tango heute ist inzwischen ein internationales Lebensgefühl und ein Kulturereignis.

Die Musik

Wenn ein Komponist einen Tango schreibt, drückt er in seiner Musik unweigerlich ein Stück seines Lebensgefühls aus. Wenn jemand einen Gesangstext zu dieser Musik dichtet, formuliert er vielleicht ein persönliches Anliegen in poetischer Form; später interpretieren Musiker und Sänger diese Vorgabe und legen ihr individuelles Erleben in die Interpretation der Noten. Wenn wir dann dieses Werk hören, inspiriert es uns zu unserer ganz persönlichen Bewegung. Wir bewegen uns danach, entweder alleine oder zu zweit, entweder ganz privat oder auf einer großen Tanzfläche oder Bühne, wir drücken unsere Gefühle aus, wir legen unsere ganze Individualität in unsere Bewegung hinein. Auf diese Weise wird jeder Tango, jede Musik, jeder Gesang, jeder Tanz ein

Spiegel seiner Zeit, ein Katalysator für Gefühle und eine Sprache ohne Worte.

Die musikalischen Wurzeln der Tangomusik liegen in Kuba, mischen sich mit den Einflüssen aus Spanien und Italien und bilden eine Mixtur aus mehreren Kulturen, der ländlichen *Milonga*, der afrikanischen *Cadombe* und dem spanischen *Fundango* und der kubanischen *Habanera*.

Die neugeborene Tangomusik hatte noch keine feste Form, Aufbau und rhythmische Struktur waren noch nicht voll entwickelt. Die kleinen Orchester, die diese Musik in den armen Stadtteilen von Buenos Aires spielten, bestanden meist nur aus Violine, Flöte und Gitarre und spielten den Tango voller Melancholie, vom Heimweh der Auswanderer geprägt. Die Gesangstexte schilderten das Schicksal der Einzelnen und ihren unerschütterlichen Überlebenswillen. Es waren Italiener, die das Akkordeon als Begleitinstrument an den Río de la Plata brachten. Noch heute bezeichnet man dieses Instrument in Argentinien als *verdulera* (*verduleros* waren die italienischen Gemüsehändler). Schließlich schlich sich das in Deutschland entwickelte Bandonéon um 1870 mit erst 56, dann 100, später 142 Tönen in fast willkürlicher Anordnung in den Tango. Dieser kleine Blasebalg ereichte mit nahezu fünf Oktaven den Ton-

◁ Argentinischer Sänger
▷ »Sexteto Cayengue«

der Pionier des gesungenen Tango, Pascual Contursi, die berühmten Liedtexte »Mi Noche Triste« und »La Cumparsita« und Enrique Cadícamo mehr als 300 Tango-Erfolgstexte schrieben. Die Popularität von Tangolyrik wuchs mit den Interpreten dieser Lieder wie Ignacio Corsini, Mercedes Simone oder Carlos Gardel. Als Gardel mit 40 Jahren bei einem Flugzeugabsturz ums Leben kam, wurde eine Legende geboren. Noch heute verehren die Argentinier und viele Menschen in aller Welt diesen Star, der mit seiner unverwechselbaren Stimme dem Tango ein eigenes Flair verliehen hat. In manchen argentinischen Häusern, aber auch in Läden, Taxen und Bussen, hängt sein Bild häufig neben Heiligenbildern und die U-Bahn von Buenos Aires *(Subte)* besitzt sogar eine Haltestelle »C. Gardel«. Seine Filme und seine Musik werden trotz längst überholter Aufnahmetechnik auch heute noch gespielt.

Bis nach dem zweiten Weltkrieg, ca. von 1925–1948 spricht man in der Tangomusik von der *Guardia Nueva,* der Neuen Garde, z.B. Komponisten wie Enrique Delfino (Delfy), die den *Tango Nuevo,* den neuen Tango kreierten. Seit 1948 spricht man von der so genannten Dritten Garde, *Tercera Guardia,* und einem *tango avangardístico,* der besonders in Europa und Nordamerika viele Anhänger fand. Der größte Tangomusiker dieser Jahre war Astor Piazzolla (1921–1992). In Argentinien geboren verbrachte er seine Kindheit in New York und kehrte erst 1937 in seine Geburtsstadt zurück. Als Jazz-Liebhaber und Bewunderer von Gardel verband er in seiner Musik zwei musikalische Welten. Er führte Dissonanzen, chromatische Harmonien und eine große Rhythmusbreite ein, was anfangs wegen der Kompliziertheit der Musik auf heftige Ablehnung stieß. Zu seinen Konzerten drängten eher Jazzfans und Freunde der klassischen Musik, nicht so sehr Tänzer. 1960 gründete Piazzolla sein berühmtes »Quinteto Nuevo

umfang eines herkömmlichen Klaviers und verlieh dem Tango den unverwechselbaren Klang, an dem man ihn auch heute noch erkennt. 1903 entstand einer der ältesten Tangoklassiker, das Tangostück »El Choclo« von Angel Villoldo, einem Vertreter der sogenannten alten Garde *(Guardia Vieja),* fast noch im Stil der folkloristischen *Milonga.*

In der Zeit zwischen 1912–1930, als der Tango salonfähig und in Europa populär wurde, gewann die Musik an Ästhetik und avancierte zu einem Genre. Roberto Firpo schuf das typische Tango-Orchester: Der Rhythmus wurde von Klavier und Bass übernommen, die Melodien von Geige und Bandoneón gespielt. Der für diese Zeit typische Kabarett-Tango wurde von zwei Stars, Oswaldo Fresedo und Julio De Caro repräsentiert. Auch Tangolyrik wurde Modetrend und ebenfalls ein Klasse für sich, als 1918

Der Krefelder Instrumentenbauer Heinrich Band erfand 1856 das Bandoneón. Er war selbst 1866 als Auswanderer nach Buenos Aires gekommen und wollte nach einiger Zeit der Enttäuschungen die Rückreise antreten, hatte aber kein Geld für die Rückpassage. Also verkaufte er sein selbst gefertigtes Instrument und konnte mit dem Erlös wieder nach Deutschland zurückkehren. Das Bandoneón blieb und wurde geschätzt und vielfach nachgebaut.

Tango« und schrieb, teilweise zusammen mit dem Dichter Horacio Ferrer, insgesamt über 750 Werke, unter anderem die Tango-Oper »Maria de Buenos Aires«. Piazzolla veränderte durch seine führende Rolle in der Avangarde die musikalische Konvention mehr als jeder andere.

In den Jahren der Militärdiktatur flohen viele Argentinier nach Europa, wie der Musiker Juan Cedrón (Cuarteto Cedrón) oder das Trio »Mosalini-Beytelmann-Caratini«, das im Pariser Exil Ruhm erlangte. Wie auch Astor Piazzolla, der in Paris studiert hatte, versuchten diese Künstler den alten Tango, die Tradition, und den avangardistischen Tango, die sogenannte Evolution, miteinander zu verbinden, um sich und dem Tango selbst ein Weiterleben zu sichern. In den 80iger Jahren boomte der Tango weltweit, war aber auch in Argentinien wieder populär, besonders bei den Jugendlichen um die 20. Man nannte letztere

auch die junge Tango-Garde *(La Joven Guardia del Tango)*. In der Heimat des Tangos gibt es das Phänomen, dass Tangomusiker entweder unter dreißig oder über fünfzig Jahre alt sind, dazwischen klafft eine Lücke. Hervorragende Musiker gibt es sowohl bei den Alten, als auch bei den Jungen, z. B. der Piazzolla-Schüler Rodolfo Mederos, der die Ausbildungsstätte »Escuela de Música Popular« gegründet hat, an der Tango, Jazz und Folklore gelehrt wird, und an der sich einige Absolventen zu einem Tango-Ensemble »El Arranque« zusammengefunden haben. Viele Musiker versuchen den alten Tango zu erhalten oder mit Piazzolla-Stücken avangardistisch zu spielen, wenige schaffen es, eine neue, eigene Musik zu entwickeln. Der junge Sänger Marcelo

▷ Gitarrenduo »El Pifie«
▽ »Mundo Burgos« Open Air

Álvarez z.B. interpretierte zur Jahrtausendwende die berühmtesten Stücke des legendären Sängers Gardel mit einer zum Verwechseln ähnlichen Stimme und trug damit das Andenken an das Idol in das neue Jahrtausend. In den letzten Jahren haben sich erstmals auch Frauen als Tangomusikerinnen etablieren können, was in Argentinien noch immer nicht selbstverständlich ist.

Viele argentinische Musiker kommen inzwischen regelmäßig nach Europa oder Asien, spielen ihren Tango oder produzieren hier Aufnahmen, wie der Pianist Enrique Cuttini, der in Japan Tango-CDs herausbringt, oder das in Buenos Aires 2002 produzierte und erfolgreich aufgeführte Musical »Tanguera« von Diego Romay, das danach in Europa auf Tournee geht. Auch deutsche Ensembles spielen Tango, z.B. diverse Rundfunkorchester, Kammermusik-Ensembles, das Duo »Tango Sensation«, Christian Kiefer und Helena Ruegg, das Münchner Duo »Brise Parisienne«, Regina Mück und Werner Sinner. Sogar in der Popmusik hat Tango einen Platz, z.B. der Hit »Objection« von Shakira erschien 2001 mit einer mehrminütigen Tangoeinleitung.

Seit der Musik von Astor Piazzolla, der eine neue Richtung in den Tango gebracht hat und der 1985 sogar zum Ehrenbürger von Buenos Aires ernannt wurde, interessieren sich auch klassische Musiker für diese Musik, wie der bekannte Cellist Yo-Yo Ma, der berühmte Tenor Plácido Domingo, der Pianist und Dirigent Daniel Barenboim, der Klarinettist Giora Feidmann und viele andere, die mit ihrer ganz persönlichen Interpretation des Tango das Konzertpublikum begeistern. Der Südamerikaner Mundo Burgos mit seinem Ensemble »Buena Vida« (Cello und zwei Gitarren) zeigte bei einem Konzert in München, dass auch eine Harfe zum Tango gehören

kann. Die großen Orchester »Sexteto Mayor« und »Sexteto Cayengue« spielen Konzerte vor großen Tango-Galas zum Zuhören, bei denen erst später die Ballgäste auch Tango tanzen dürfen.

Tango-Opern werden aufgeführt, wie am 22. März 2002 in Rotterdam »Orestes, Last Tango« mit dem weltberühmten Tangopaar Ricardo & Nicole. Im gleichen Jahr wurde die barocke Tango-Oper »Porqué …!Porqué …! Tango Orphée« in der Dresdner Semperoper gezeigt, bei der nach der Vorstellung die Besucher in die Kunst des Tangotanzens eingeführt wurden. Alle ergehen sich lustvoll in der abwechslungsreichen Musik von *Milonga, Vals* und *Tango*, wie man den Argentinischen Tango eigentlich korrekter nennen müsste. Tango Argentino wird inzwischen in der ganzen Welt gespielt, gesungen und getanzt.

Die drei Tänze

Wenn man von Tango Argentino spricht, meint man eigentlich drei rhythmischen Geschwister, die sich zwar musikalisch ähnlich, aber im Charakter sehr unterschiedlich sind: die fröhliche *Milonga*, den schwungvollen *Vals* und den melancholischen *Tango* selbst. In der Musik unterscheiden sie sich durch ihre Takteinteilung und ihre rhythmischen Akzente, tänzerisch greifen sie auf die gleichen Figuren zurück, werden aber in Stimmung und Tanzstil unterschiedlich interpretiert. Auf den meisten Tanzabenden wechseln die Tanzserien mit Tango-, Milonga- und Vals-Rhythmen regelmäßig ab.

Tango (*el tango*, $^2/_2$ oder $^4/_8$ oder $^4/_4$ Takt)
Die einen sehen den Ursprung des Wortes *Tango* in dem rioplatensischen Begriff *tambo*, der einen ländlichen Ort bezeichnet, an dem Kühe gehalten werden. *Tambo* innerhalb des Dialektes (*lunfardo*), der speziell in Buenos Aires am Río de la Plata gesprochen wird, bedeutet aber auch Bordell. Die anderen sehen den Ursprung für den Begriff *Tango* in einer der afrikanischen Sprachen des Kongo. *Tango* bedeutet hier »Sammelplatz für Sklaventransport« oder auch »Trommel« *(tambor)*, später auch die Tanzvergnügen der schwarzen Unterschicht am Río de la Plata. Andere leiten, an die Wurzeln der italienischen Einwanderer und die körpernahe Tanzhaltungen im Tango angelehnt, den Begriff aus dem Lateinischen ab (lat. *tangere* → span. *tangir* = berühren).

Wenn man von »Tango Argentino« spricht ist das eigentlich nicht ganz korrekt, denn Tango ist keine ausschließlich argentinische Erfindung. In seinen Geburtsjahren ab 1880 sind aus dem Kulturkeis von Montevideo (Uruguay) wesentliche Impulse in den Tango gekommen und der Tanz war dort mindestens ebenso populär wie in Buenos Aires. Der Name »Tango ríoplatense« wäre deshalb zutreffender, trotzdem hat sich als Begriff »Tango Argentino« weltweit durchgesetzt.

Der Improvisationstanz Tango ist ein Kind seiner Entstehungszeit und macht Gefühle von Erotik und Hingabe, Lust und Leid, Sinnlichkeit und Leidenschaft sichtbar. Im Tango drücken Menschen ihren Wunsch nach körperlicher Nähe und seelischer

Geborgenheit aus und demonstrieren ihre Fähigkeit, flexibel und anpassungsfähig auf Veränderungen im Leben zu reagieren.

Milonga *(la milonga*, ²/4 oder ⁴/4 Takt)
Der Begriff *Milonga* hat zwei Bedeutungen:
1. Der Tanz *Milonga* gehörte ursprünglich zur argentinischen Folklore, ist älter als der Tango und entspricht mit ihren schnellen, klaren rhythmischen Schlägen etwa unserem Marsch-Foxtrott. Der lustige, lebensbejahende Interpretationsstil der Milonga macht sie auch heute noch sehr beliebt und bildet einen angenehmen Ausgleich zu der Schwermut der meisten Tangostücke. Auch die Milonga ist ein Improvisationstanz und bedient sich weitgehend der gleichen Figuren wie der Tango, besitzt aber auch eigene Figuren, die aus der Musik heraus entstanden

sind. Alle Tanzschritte werden in der Milonga in leicht federnder Gangart mit energisch gesetzten, stakkatoartigen, kleinen schnellen Schritten vorgetragen. Die Tänzer entwickeln großes Vergnügen an einer synkopischen, rhythmisch abwechslungsreichen, teilweise humorvollen Interpretation der Musik.
2. Eine Festlichkeit mit Tanz oder auch eine Tango-Tanzstätte. *Milonga* wird im *Lunfardo* auch für einen Tanzsaal oder ein Kabarett verwendet. In Buenos Aires sind momentan etwa vierzig Milongas in Betrieb, in denen an bestimmten Tagen der Woche Tango getanzt wird. In vielen Tangotexten findet man neben der Milonga oft auch die Begriffe *Mi-*

▷ Plakat der Europatournee von
« Tango Pasión »

longuera für eine junge Kabarettistin oder die Ver-niedlichungsform *Milonguita* als Begriff für eine Frau mit leichtfertigem Lebenswandel.

Vals *(el vals*, ³/4 oder ⁶/8 Takt)
Der Vals entstand etwa um 1900, ist die südameri-kanische Variante des europäischen Walzers und wird ohne Hoch-Tiefbewegung (Heben und Senken), genauso flach wie der Tango getanzt. Auch der Vals ist ein Improvisationstanz und bedient sich weitge-hend der gleichen Figuren wie der Tango. Natürlich eignen sich für die ³/4-Takt-Interpretation besonders Figuren, die eine Drei-Schritt-Einteilung erlauben oder durch synkopische Tanzweise die Übertragung auf den Takt möglich machen.

Es gibt durchaus Tänzer, die sich auf einen der drei Tänze spezialisiert haben, dennoch, alle drei rhyth-mische Varianten des Tango Argentino haben ihren eigenen Reiz. In der Regel beginnt man als Einsteiger mit dem Tango, weil hier die technische Basis für die anderen Tänze vorbereitet wird. Aus diesen Gründen und auch wegen des Umfanges wird in diesem Buch der Schwerpunkt auf den Tango-Rhythmus gelegt. Auch wenn keine Spezialfiguren für *Milonga* oder *Vals* beschrieben werden, sind bei jeder Tango-Figur verschiedene Rhythmus-Empfehlungen angegeben, die die selbständige Übertragung der Tangofiguren auf die beiden anderen Rhythmen ermöglichen.

Buenos Aires

Milongas und Práctica (eine Auswahl)

C.C. Torquato Tasso; Club Del Golf; Club Gricel; Club Social Rivadavia; Confiteria Ideal (Film »Tango Lesson«); Confitería Los Andes; El Arranque; El Morocco; El Viento Norte; Dandi; Dr. Jekyll; Parakultural in Salon Canning (bestes Parkett); La Catedral (schöne alte Fabrikhalle); La Estella (für junge Leute); La Trastienda; La Viruta; Maracaibo; Niño Bien; Salón Canning; Sin Rumbo (Traditions-Milonga); Sunderland Club; Viejo Correo

Konzerte und Shows

Café Homero; Café Tortoni; Club de Vino; El viejo Almacén; Casa Blanca; Bar Sur; Buenos Aires Del 40; Teatro Municipal Pte. Alvear; Teatro National Cervantes

Straßentango

Plaza Dorrego (San Telmo)

Tangolehrer

Alejandra Hobert & Adrian Veredice; Aurora Lubiz & Jorge Firpo; Carlos Gavito & Maria Plazoala; Celia Blanco; Chiche Puerart & Martha; Damián Esell & Nancy Louzan; Eduardo & Gloria Aquimbau; Eduardo Sotelo; Fabián Salas & Mauricio Castro; Gloria & Rudolfo Dinzel; Graciela Gonzáles; Gustavo Naveira & Giselle Anne; »Indio« Benavente & Mariana Dragone; Jorge Manganelli; Julio Balmaceda & Corina de la Rosa; Kely & Facundo Posadas; Laura Tango; Maria Nieves; Martha Antón & Luis Grodona; Mimi de Santapá; Mingo Pugliese & Ester Amelio; Mora Godoy & Juan Horvath; Natalia Games & Gabriel Angio; Nito & Elba Garcia; Pablo Nievas; Paul Bravo; Pedro Monteleoone & Marcela; Osvaldo Zotto & L. Ermocida; »Tete« Rusconi & Silvia; Suzuki Avellaneda & C. de la Vega; Zoraida Fontclara & Diego Alvaro

Tango-Infos

El Kiosco del Tango (Bücher und Tangozeitschriften)
www.todotango.com

Die Tanzhaltung »Abrazo«

Die Tanzhaltung nennt man im Tango *abrazo*, die Umarmung. Sie soll das Paar zu einer Einheit verschmelzen lassen. Der Tango begeistert wegen seiner einzigartigen Paarharmonie, seiner komplizierten Beinverschlingungen und rasanten Bewegungen. Voraussetzung für das Gelingen dieser Künste ist eine stabile und doch sensible Tanzhaltung, die dem Oberkörper Ruhe und Sicherheit und dem Unterkörper maximale Freiheit für tänzerische Gestaltung gibt. Die Tango-Umarmung wird in unterschiedlichen Formen gehalten.

Offene Umarmung:
Tanzhaltung mit geringem oder größerem Abstand, bei der die Schultern parallel gehalten werden und die Köpfe einander zugewandt sind.

Halboffene Umarmung: Promenadenhaltung oder Gegen-Promenadenhaltung, bei der die Schultern v-förmig in Richtung der gefassten Hände bzw. in Gegenrichtung geöffnet sind und beide Partner in die gleiche Richtung blicken.

Geschlossene Umarmung: Körpernahe Tanzhaltung, bei der die Schultern parallel gehalten werden und die Partner mit und ohne Berührung der Köpfe in die gleiche oder entgegengesetzte Richtung blicken.

Die Umarmung bildet einen festen Ring um das Tanzpaar, der es verbindet, vereint und zu einer Bewegungseinheit verschmelzen lässt. Die Kopfhaltungen sind vielfach eine Frage der Tanzfigur, des persönlichen Geschmacks und des Größenverhältnisses der Tanzpartner zueinander.

Offene Umarmung

Halboffene Umarmung

Geschlossene Umarmung
mit gleicher Blickrichtung   mit entgegengesetzter Blickrichtung

Tanzfiguren
Basis-Elemente

Einführung

Wenn Tangomusik erklingt, möchte jedes Paar sofort anfangen zu tanzen. Diesen Wunsch kann man tatsächlich, sogar als absoluter Einsteiger, beim Tango

unmittelbar umsetzen. Man braucht nur ein wenig Aufmerksamkeit für die Musik, etwas Mut und ein paar Basis-Elemente, die eine gewisse Grundbewegung ermöglichen. Am Anfang sollte man sich noch nicht mit irgendwelchen komplizierten Tanzfiguren belasten, sondern zuerst einmal das »Schwimmen« lernen. Es ist schon eine große Leistung, wenn sich ein Anfängerpaar ein Musikstück lang rhythmisch gehend bewegt und mit einfachsten Mitteln die Musik interpretiert. Der Tango bietet ungeheure Freiheit, denn in diesem Tanz existieren keine festen Figurenfolgen, keine Vorschriften in der Einteilung des Tanztempos, jeder Mann bestimmt für sich und seine Partnerin die Tanzchoreografie selbst. Wie die tänzerische Kommunikation zwischen den Tanzpartnern funktioniert, wird in diesem Buch eingehend und Stück für Stück erklärt.

Auf den folgenden Seiten werden 15 Basis-Elemente beschrieben, die sowohl als Einstieg für Tangoanfänger als auch als Aufwärmübungen für geübtere Tänzer gedacht sind. Unter Basis-Elementen versteht man im Tango Argentino Grundbewegungen, die notwendig sind, um überhaupt mit dem Tangotanzen beginnen zu können: Das Stehen im Gleichgewicht, das Einnehmen verschiedener Tanzhaltungen, das Gehen, Wiegen, Drehen und das Stoppen einer Bewegung. Mit Hilfe der Basis-Elemente ist jedes Paar sofort in der Lage, ohne komplizierte Tanzfiguren lernen zu müssen, nach Tangomusik zu tanzen und zu improvisieren, denn Basis-Elemente können beliebig miteinander kombiniert werden.

Zu jedem Basis-Element werden verschiedene Übungen (A, B, C, …) angeboten, die sich als besonders geeignet dazu herausgestellt haben, die Grundbewegungen leicht zu erlernen. Zuerst werden **Ziel, Übung,** dann die **Ausgangsposition (Füße, Beine, Rumpf, Schultern, Arme, Kopf, Start)** beschrieben. Anhand der Abbildungen kann man die Bewegung jeder einzelnen Übung mitverfolgen und bei **Hinweis** die Besonderheiten nachlesen.

Alle Übungen sind schrittweise aufgebaut, teilweise wird zuerst das Tanzen ohne Partner empfohlen, dann erst das paarweise Bewegen. In den Basis-Elementen »Stoppen« werden zusätzlich kleine Schrittbeschreibungen für Mann und Frau (Er, Sie) mit Zahlenangaben (Schritte 1, 2, 3, 4) gegeben. Hier handelt es sich um unverzichtbare Basis-Bausteine, die den Tangotänzern Richtungswechsel, Seitenwechsel und erste kleine Posen ermöglichen. Nicht alle Schritte konnten durch Fotos illustriert werden. Die farbig gedruckten Zahlen in der Schrittfolge verweisen auf diejenigen Schritte, die in den Abbildungen zu finden sind.

Auf das Einhalten einer bestimmten Tanzrichtung wird beim Einüben der Basis-Elemente noch keinen großen Wert gelegt, wohl aber auf einen sensiblen Umgang mit der Raumaufteilung der eigenen Schritte und das verantwortungsbewusste Führen der Frau.

In Tangokreisen achtet man sehr darauf, dass kein anderes Paar angestoßen oder behindert wird. Die

gleiche Sensibilität, die der Mann für seine Partnerin entwickeln muss, hilft ihm, sich auf der Tanzfläche geschickt und höflich zu verhalten.

Beim Üben der Basis-Elemente sollte immer Musik dabei sein, erst nur als inspirierender Hintergrund, dann als musikalische Leitlinie für ein musikorientiertes Tanzen.

Stehen mit verschiedenen Grundstellungen

A

B

A Solo-Grundstellung

Ziel: *In der Grundstellung die eigene Balance finden*

Übung: Durch leichtes Schwanken vorwärts/rückwärts die Balance finden

Ausgangsposition

Füße	Parallel geschlossen, beide gleichmäßig belastet
Beine	Parallel, in den Knien leicht nachgebend
Rumpf	Aufrecht, den Körperschwerpunkt etwas nach vorne gebracht, das Lot über den Zehen
Arme	Aus den tiefen Schultern seitlich entspannt hängen lassen
Kopf	Aufrecht und zum Partner ausgerichtet

B Solo-Grundstellung mit Oberkörperdrehung

Ziel: *In der Grundstellung ein Drehen des Oberkörpers zum Unterkörper in Balance einüben*

Übung: Oberkörper mit Armen mehrmals $1/4$ bis $1/8$ Drehung nach R drehen und wieder geradestellen

Hinweis: Die gleiche Bewegung kann auch zur anderen Seite geübt werden; dabei den Oberkörper in der Taille $1/8$ bis $1/4$ nach links drehen.

Ausgangsposition

Füße	Parallel geschlossen, beide gleichmäßig belastet
Beine	Parallel, in den Knien leicht nachgebend
Rumpf	Aufrecht, den Körperschwerpunkt etwas nach vorne gebracht, das Lot über den Zehen; Oberkörper in der Taille $1/8$ bis $1/4$ nach rechts gedreht
Arme	Aus den tiefen Schultern die Ellenbogen seitlich fast bis in Schulterhöhe gehoben
Kopf	Aufrecht und zum Partner ausgerichtet

Ausgangsposition

Füße	Parallel geschlossen, beide gleichmäßig belastet
Beine	Parallel, in den Knien leicht nachgebend
Rumpf	Aufrecht, den Körperschwerpunkt etwas nach vorne gebracht, das Lot über den Zehen
Schultern	Parallel zu den Schultern des Partners
Arme	Der Mann wird von seiner Partnerin mit beiden Händen und leicht gebeugten, möglichst stabilen Armen an seinen Innenschultern gehalten
Kopf	Aufrecht und zum Partner ausgerichtet

C Paarweise in Grundstellung

Ziel: *In der Grundstellung die Balance des Partners mit der eigenen Balance verbinden*

Übung: Die Frau beobachtet die Atmung des Mannes und versucht seinen Atemrhythmus aufzunehmen.

Hinweis: Die Übung kann auch mit wechselnden Rollen ausgeführt werden.

C

Ausgangsposition

Füße	Parallel geschlossen, beide gleichmäßig belastet
Beine	Parallel, in den Knien leicht nachgebend
Rumpf	Aufrecht, den Körperschwerpunkt etwas nach vorne gebracht, das Lot über den Zehen
Schultern	Parallel zu den Schultern des Partners
Arme	Aus den tiefen Schultern die Ellenbogen seitlich fast bis in Schulterhöhe gehoben
Kopf	Aufrecht und zum Partner ausgerichtet

D Grundstellung, Körpergewicht verlagern

Ziel: *In der Grundstellung die eigene Balance in Verbindung mit dem Partner halten und Gewichtswechsel*

Übung: Der Mann verlagert sein Körpergewicht langsam vom einen zum anderen Fuß, die Frau folgt seiner Bewegung.

Hinweis: Der Mann versucht die Frau allein mit Hilfe der Schultern und der deutlichen Gewichtsverlagerung von einem Fuß zum anderen zu führen. Die Frau verhält sich dabei eher abwartend und überlässt die zeitliche Einteilung der Bewegung dem Mann. Dieses Element kann auch mit wechselnden Rollen geübt werden.

D

Stehen mit verschiedenen Tanzhaltungen

A Offene Umarmung

Ziel: *Die Umarmung spüren und mit dem Partner verschmelzen*

Übung: Der Mann verlagert langsam sein Körpergewicht von einem Fuß zum anderen, die Frau folgt seiner Bewegung.

A

Ausgangsposition

Füße	Parallel geschlossen, *gegenüberliegende* Füße entlastet
Beine	Parallel, in den Knien leicht nachgebend
Rumpf	Aufrecht, den Körperschwerpunkt etwas nach vorne gebracht, das Lot über den Zehen
Schultern	Parallel zu den Schultern des Partners
Arme	Der Mann hält seine Partnerin mit dem rechten, die Frau ihren Partner mit ihrem linken Arm umarmt. Die gefassten Hände schließen den Ring, in dem beide miteinander verbunden sind
Kopf	Aufrecht und zum Partner ausgerichtet

B Geschlossene Umarmung mit Promenadenhaltung

Ziel: *Die geschlossene Umarmung spüren und mit dem Partner verschmelzen*

Übung: Der Mann verlagert langsam sein Körpergewicht von einem Fuß zum anderen, die Frau folgt seiner Bewegung und kann dabei die Augen schließen.

B

Ausgangsposition

Füße	Parallel geschlossen, *gegenüberliegende* Füße entlastet
Beine	Parallel, in den Knien leicht nachgebend
Rumpf	Aufrecht, den Körperschwerpunkt etwas nach vorne gebracht, das Lot über den Zehen
Schultern	V-förmig zu den Schultern des Partners gehalten
Arme	Der Mann hält seine Partnerin mit dem rechten, die Frau ihren Partner mit ihrem linken Arm umarmt. Die gefassten Hände schließen den Ring, in dem beide miteinander verbunden sind
Kopf	Mit leichtem Kontakt an den Schläfen aufrecht gehalten und in Richtung der gefassten Hände gedreht

C Geschlossene Umarmung mit entgegengesetzter Blickrichtung

Ziel: *Die geschlossene Umarmung spüren und mit dem Partner verschmelzen*

Übung: Der Mann verlagert langsam sein Körpergewicht von einem Fuß zum anderen, die Frau folgt seiner Bewegung und kann dabei die Augen schließen.

Ausgangsposition

Füße	In Grundstellung parallel geschlossen, *gegenüberliegende* Füße entlastet
Beine	Parallel, in den Knien leicht nachgebend
Rumpf	Aufrecht, den Körperschwerpunkt etwas nach vorne gebracht, das Lot über den Zehen
Schultern	Parallel zu den Schultern des Partners
Arme	Der Mann hält seine Partnerin mit dem rechten, die Frau ihren Partner mit ihrem linken Arm umarmt. Die gefassten Hände schließen den Ring, in dem beide miteinander verbunden sind
Kopf	Mit leichtem Kontakt an den Schläfen aufrecht gehalten und leicht nach links gedreht

C

Hinweis: Die Silhouette des Tangopaares sollte in allen drei Übungen eine Pyramidenform bilden. Mit enger Berührung an den Köpfen und Armen gehen die Körper der Partner zu den Füßen weiter auseinander. Der Mann versucht die Frau allein durch die stabile Umarmung *(abrazo)* und die deutliche Gewichtsverlagerung von einem Fuß zum anderen zu führen. Die Frau verhält sich dabei eher abwartend und überlässt die zeitliche Einteilung der Bewegung dem Mann.

Gehen vorwärts und rückwärts

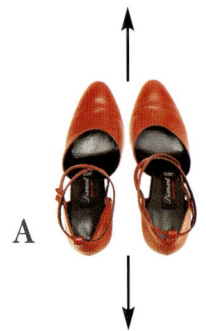

A

A Solo vorwärts/rückwärts

Ziel: *Rhythmisch und bewusst gehen*
Übung: Jeder für sich sollte, ohne den Partner, im Rhythmus der Musik gehen. Dabei kommt es darauf an, dass die Schritte genau zur Musik passen. Hierbei können Gehschritte vorwärts und rückwärts getanzt werden. Jeder Schritt sollte bewusst, genau in die geplante Richtung und möglichst flach zum Boden gesetzt werden. Rhythmisch kann jeder wählen, ob er langsame bzw. schnelle Schritte oder eine Mischung tanzen will.
oder
Ziel: *Für die Bewegung des anderen sensibel werden*
Übung: Es wird noch interessanter, wenn die Frau den »Schatten« des Mannes darstellt: Sie stellt sich etwa einen Meter vor ihm auf und versucht so zu tanzen, als wenn sie mit ihrem Partner durch Tanzhaltung verbunden wäre; sie folgt ihm wie sein Schatten. Er muss seinerseits versuchen, seine Bewegungen langsam, bewusst und eindeutig zu vollziehen, damit ihm die Frau folgen kann.

B Paarweise vorwärts

Ziel: *Durch die Umarmung soll das Paar zu einer Einheit verschmelzen und sich fließend nach Musik bewegen.*
Übung: Der Mann tanzt Vorwärtsschritte im Rhythmus der Musik und verlagert sein Körpergewicht bewusst und sicher von einem Fuß zum anderen; die Frau folgt seiner Bewegung und kann dabei die Augen schließen.

Ausgangsposition

Füße	Leicht nach links versetzt, der rechte Fuß des Mannes zeigt zwischen die Füße der Frau
Beine	Parallel, in den Knien leicht nachgebend
Rumpf	Aufrecht, den Körperschwerpunkt etwas nach vorne gebracht, das Lot über den Zehen
Schultern	Parallel zu den Schultern des Partners
Arme	In geschlossener Umarmung (S. 24)
Kopf	Aufrecht und mit leichtem Kontakt an den Schläfen
Start	Aus der Grundstellung: Er R-Fuß vorwärts – Sie L-Fuß rückwärts

B

Ausgangsposition

Füße	Leicht nach links versetzt, der rechte Fuß des Mannes zeigt zwischen die Füße der Frau
Beine	Parallel, in den Knien leicht nachgebend
Rumpf	Aufrecht, den Körperschwerpunkt etwas nach vorne gebracht, das Lot über den Zehen
Schultern	Parallel zu den Schultern des Partners
Arme	In geschlossener Umarmung (S. 24)
Kopf	Aufrecht und mit leichtem Kontakt an den Schläfen
Start	Aus der Grundstellung: Er L-Fuß rückwärts – Sie R-Fuß vorwärts

C Paarweise rückwärts

Ziel: *Durch die Umarmung zu einer Einheit verschmelzen und fließend miteinander gehen*

Übung: Der Mann tanzt Rückwärtsschritte im Rhythmus der Musik und verlagert sein Körpergewicht bewusst und sicher von einem Fuß zum anderen; die Frau folgt seiner Bewegung und kann dabei die Augen schließen.

C

Ausgangsposition

Füße	In V-Stellung zum Partner
Beine	Parallel, in den Knien leicht nachgebend
Rumpf	Aufrecht, den Körperschwerpunkt etwas nach vorne gebracht, das Lot über den Zehen
Schultern	In leichter V-Stellung zu den Schultern des Partners gehalten
Arme	In Promenadenhaltung
Kopf	Mit leichtem Kontakt an den Schläfen aufrecht halten und in Richtung der gefassten Hände gedreht
Start	Aus der Grundstellung: Er L-Fuß vorwärts – Sie R-Fuß vorwärts

D Paarweise in Promenadenhaltung vorwärts

Ziel: *Durch die Umarmung zu einer Einheit verschmelzen und fließend miteinander gehen*

Übung: Der Mann tanzt Vorwärtsschritte im Rhythmus der Musik und verlagert sein Körpergewicht bewusst und sicher von einem Fuß zum anderen; die Frau folgt der Bewegung des Mannes im Vorwärtsgehen.

D

Hinweis: Die Silhouette des Tangopaares sollte in allen vier Übungen eine Pyramidenform bilden. In geschlossener und halboffener Umarmung gehen die Körper der Partner zu den Füßen weiter auseinander. Der Mann versucht die Frau allein durch die stabile Umarmung *(abrazo)* und die deutliche Gewichtsverlagerung in das Gehen *(caminar)* zu führen. Die Frau verhält sich dabei eher abwartend und überlässt die zeitliche Einteilung der Bewegung dem Mann.

Gehen seitwärts

A Solo seitwärts rechts und links

Ziel: *Rhythmisch bewusst seitwärts tanzen*

Übung: Jeder sollte für sich, ohne den Partner, im Rhythmus der Musik Seitwärtsschritte üben. Dabei tanzt man entweder abwechselnd nach rechts und links seit–seit–seit–seit… usw. *(Pendelschritte)* oder seit–schließen–seit–schließen… usw. *(Wechselschritte).* Dabei kommt es darauf an, dass die Schritte genau zur Musik passen. Jeder Schritt sollte bewusst, genau in die geplante Richtung und möglichst flach gesetzt werden. Rhythmisch kann jeder in allen Übungen wählen, ob er langsame bzw. schnelle Schritte oder eine Mischung tanzen will. *oder*

Ziel: *Vorwärts-, Seitwärts-, Rückwärtsschritte kombinieren*

Übung: Jeder kann für sich, ohne den Partner, im Rhythmus der Musik eine selbst gewählte Kombination von Vorwärts-, Seitwärts-, Schließ- und Rückwärtsschritten tanzen. Jeder Schritt sollte bewusst, wie auf einem Schachbrett, genau in die geplante Richtung und möglichst flach zum Boden gesetzt werden. Die Schritte sollten genau zur Musik passen und jeder wählt, ob er langsame bzw. schnelle Schritte oder eine Mischung tanzen will.

B Paarweise seitwärts nach rechts

Ziel: *Durch die Umarmung zu einer Einheit verschmelzen und rhythmisch bewusst nach rechts seitwärts tanzen*

Seitwärts nach rechts   *Ausgangsposition*

Übung: Der Mann bewegt seine Partnerin seitwärts nach rechts, verlagert sein Körpergewicht bewusst und sicher von einem Fuß zum anderen und tanzt die Schritte im Rhythmus der Musik; die Frau folgt seiner Bewegung und kann dabei die Augen schließen.

Ausgangsposition

Füße	Leicht nach links versetzt, der rechte Fuß des Mannes zeigt zwischen die Füße der Frau
Beine	Parallel, in den Knien leicht nachgebend
Rumpf	Aufrecht, den Körperschwerpunkt etwas nach vorne gebracht, das Lot über den Zehen
Schultern	Parallel zu den Schultern des Partners
Arme	In geschlossener Umarmung (S. 24)
Kopf	Aufrecht und mit leichtem Kontakt an den Schläfen
Start	Aus der Grundstellung: Er R-Fuß seitwärts – Sie L-Fuß seitwärts

Ausgangsposition

Füße	Leicht nach links versetzt, der rechte Fuß des Mannes zeigt zwischen die Füße der Frau; jeder Seitwärtsschritt wird genau parallel zum Standfuß gesetzt
Beine	Parallel, in den Knien leicht nachgebend
Rumpf	Aufrecht, den Körperschwerpunkt etwas nach vorne gebracht, das Lot über den Zehen
Schultern	Parallel zu den Schultern des Partners
Arme	In geschlossener Umarmung (S. 24)
Kopf	Aufrecht und mit leichtem Kontakt an den Schläfen
Start	Aus der Ausgangsposition: Er L-Fuß seitwärts – Sie R-Fuß seitwärts

C Paarweise seitwärts nach links

Ziel: *Durch die Umarmung zu einer Einheit verschmelzen und rhythmisch bewusst seitwärts nach links tanzen*

Übung: Der Mann bewegt seine Partnerin seitwärts nach links, verlagert sein Körpergewicht bewusst und sicher von einem Fuß zum anderen und tanzt die Schritte im Rhythmus der Musik; die Frau folgt seiner Bewegung und kann dabei die Augen schließen.

C

Seitwärts nach links   *Ausgangsposition*

Hinweis: Die Silhouette des Tangopaares sollte in allen Übungen eine Pyramidenform bilden. In geschlossener Umarmung gehen die Körper der Partner zu den Füßen weiter auseinander. Der Mann versucht die Frau allein durch die stabile Umarmung *(abrazo)* und die deutliche Gewichtsverlagerung in die Seitschritte zu führen. Jeder Seitwärtsschritt wird genau parallel zum Standfuß gesetzt. Die Frau verhält sich dabei eher abwartend und überlässt die zeitliche Einteilung der Bewegung dem Mann.

Gehen rechts vorbei

Ziel: *Mit nach rechts gedrehtem Oberkörper, an der rechten Körperseite der Frau vorbei, fließend miteinander gehen*
Übung: Der Mann setzt die Gehschritte außenseitlich vorwärts/rückwärts im Rhythmus der Musik und verlagert dabei sein Körpergewicht bewusst und sicher von einem Fuß zum anderen; die Frau folgt seiner Bewegung und kann dabei die Augen schließen.

Hinweis: Bei diesem Basis-Element kommt es darauf an, trotz der außenseitlichen Gehweise die Einheit mit der Partnerin/dem Partner nicht zu verlieren. Die Oberkörper müssen dabei so deutlich nach rechts gedreht werden, dass die Haltung erhalten bleibt und die Schultern immer gerade voreinander stehen. Man kann Vorwärtsgehen und Rückwärtsgehen durch einen Stopp, ein Einfrieren der Bewegung, miteinander verbinden. Fortgeschrittene können Vorwärts-, Rückwärts- und außenseitliches Gehen abwechselnd tanzen. Dabei geht der Mann kontinuierlich vorwärts, abwechselnd zwischen die Füße der Frau, dann rechts vorbei, wieder zwischen die Füße der Frau, dann links vorbei usw. Genauso verfährt man mit den Gehschritten rückwärts.

A Vorwärts mit gegensätzlichen Füßen

B Vorwärts mit gleichen Füßen

A

B

Ausgangsposition

Füße	Leicht nach links versetzt
Beine	Parallel, in den Knien leicht nachgebend
Rumpf	Aufrecht, den Körperschwerpunkt etwas nach vorne gebracht, das Lot über den Zehen; den Oberkörper in der Taille $1/8$ bis $1/4$ nach rechts gedreht
Schultern	Parallel zu den Schultern des Partners
Arme	In halboffener Umarmung (siehe S. 24)
Kopf	Aufrecht und zum Partner ausgerichtet
Start	Aus der Grundstellung:
	A Er R-Fuß vor – Sie L-Fuß rück
	B Er R-Fuß vor – Sie R-Fuß rück
	C Er R-Fuß rück – Sie L-Fuß vor
	D Er L-Fuß rück – Sie L-Fuß vor

C Rückwärts mit gegensätzlichen Füßen

D Rückwärts mit gleichen Füßen

C

D

Gehen links vorbei

Ziel: *Mit nach links gedrehtem Oberkörper, an der linken Körperseite der Frau vorbei, fließend miteinander gehen*
Übung: Der Mann setzt die Gehschritte vorwärts/rückwärts im Rhythmus der Musik und verlagert dabei sein Körpergewicht bewusst und sicher von einem Fuß zum anderen; die Frau folgt seiner Bewegung und kann dabei die Augen schließen.

Hinweis: Bei diesem Basis-Element kommt es darauf an, trotz der außenseitlichen Gehweise die Einheit mit der Partnerin/dem Partner nicht zu verlieren. Die Oberkörper müssen dabei so deutlich nach links gedreht werden, dass die Haltung bequem erhalten bleibt und die Schultern immer noch gerade voreinander stehen. Man kann Vorwärtsgehen und Rückwärtsgehen durch einen Stopp, ein Einfrieren der Bewegung, miteinander verbinden.
Fortgeschrittene können Vorwärts-, Rückwärts- und außenseitliches Gehen abwechselnd tanzen. Dabei geht der Mann abwechselnd zwischen die Füße der Frau, dann rechts vorbei, wieder zwischen die Füße der Frau, dann links vorbei usw. Genauso verfährt man mit den Gehschritten rückwärts.

A Vorwärts mit gegensätzlichen Füßen

B Vorwärts mit gleichen Füßen

A

B

Ausgangsposition

Füße	Leicht nach rechts versetzt, die Füße tanzen jeweils einspurig
Beine	Parallel, in den Knien leicht nachgebend
Rumpf	Aufrecht, den Körperschwerpunkt etwas nach vorne gebracht, das Lot über den Zehen; den Oberkörper in der Taille $1/8$ bis $1/4$ nach links drehen, an der linken Körperseite der Frau vorbeigehen, die Umarmung nicht verändern
Schultern	Parallel zu den Schultern des Partners
Arme	In offener Umarmung (siehe S. 24)
Kopf	Aufrecht und zum Partner ausgerichtet
Start	Aus der Grundstellung:
	A Er L-Fuß vor – Sie R-Fuß rück
	B Er R-Fuß vor – Sie R-Fuß rück
	C Er R-Fuß rück – Sie L-Fuß vor
	D Er L-Fuß rück – Sie L-Fuß vor

C Rückwärts mit gegensätzlichen Füßen

D Rückwärts mit gleichen Füßen

C

D

Wiegen vorwärts/rückwärts

A Solo

Ziel: *Rhythmisch bewusst wiegen*

Übung: Jeder wiegt sich, ohne den Partner, im Rhythmus der Musik zwischen seinen beiden Füßen vorwärts–rückwärts hin und her. Es kann mit einem Gehschritt vorwärts oder rückwärts begonnen werden, die Bewegung wird angehalten, die Füße bleiben in der Schrittstellung stehen. Nun beginnt man mit dem Hin- und Herwiegen des Körpergewichts (vor–rück–vor–rück oder rück–vor–rück–vor etc.). Jeder Schritt sollte bewusst, genau in die geplante Richtung und möglichst flach am Boden gesetzt werden. Becken, Oberkörper und Kopf bleiben ruhig und gerade und bewegen sich als Ganzes mit. Es kommt darauf an, dass die Schritte genau zur Musik passen. Jeder kann selbst entscheiden, ob er langsame bzw. schnelle Schritte oder eine Mischung tanzen will.

Zwischen den Gewichtsübertragungen entsteht jeweils eine kleine Pause (vor–heran–rück–heran …, bzw. rück–heran–vor–heran …). Bei »heran« kann man zum »Sammeln« den freien Fuß ohne Gewicht zum Standbein heranziehen. Als kleine Verzierung *(adorno)* kann mit dem Spielbein dabei ein leichtes Vor- bzw. Hinterkreuzen getanzt werden. Die Frau folgt seiner Bewegung und kann dabei die Augen schließen.

B1

B2

B Paarweise

Ziel: *Durch die Umarmung soll das Paar zu einer Einheit verschmelzen und sich fließend nach der Musik bewegen.*

Übung: Der Mann tanzt die Vorwärts-rückwärts-Wiegeschritte im Rhythmus der Musik und verlagert sein Körpergewicht bewusst und sicher von einem Fuß zum anderen.

Hinweis: Der Mann kann auch mit dem Rückwärts-schritt beginnen oder als Variation dieser Übung mit linkem Fuß vor- und dem rechtem Fuß rückwärts beginnen; die Frau tanzt gegengleich. Die Fußspitzen bleiben immer in Kontakt mit dem Boden.

Ausgangsposition

Füße	Leicht nach links versetzt, der rechte Fuß des Mannes tanzt zwischen die Füße der Frau
Beine	Parallel, in den Knien leicht nachgebend
Rumpf	Aufrecht, den Körperschwerpunkt etwas nach vorne gebracht, das Lot über den Zehen
Schultern	Parallel zu den Schultern des Partners
Arme	In geschlossener Umarmung (S. 24)
Kopf	Aufrecht und mit leichtem Kontakt an den Schläfen
Start	Aus der Grundstellung: Er R-Fuß vor-wärts – Sie L-Fuß rückwärts

B3

B4

Wiegen seitwärts

A Solo

Ziel: *Rhythmisch bewusst wiegen*

Übung: Jeder wiegt sich, ohne den Partner, im Rhythmus der Musik zwischen seinen beiden Füßen seitwärts hin und her. Die Füße bleiben in der Seitschritt-Stellung stehen. Nun beginnt man mit dem Hin- und Herwiegen des Körpergewichtes (seit–seit–seit–seit etc.). Jede Gewichtsverlagerung sollte bewusst, genau in die geplante Richtung und möglichst flach am Boden vollzogen werden. Becken, Oberkörper und Kopf bleiben ruhig und gerade und bewegen sich als Ganzes mit. Es kommt darauf an, dass die Schritte genau zur Musik passen. Jeder kann selbst entscheiden, ob er langsame bzw. schnelle Schritte oder eine Mischung tanzen will.

B Paarweise

Ziel: *Durch die Umarmung soll das Paar zu einer Einheit verschmelzen und sich fließend nach der Musik bewegen.*

Übung: Der Mann tanzt die Seitwärts-Wiegeschritte im Rhythmus der Musik und verlagert sein Körpergewicht bewusst und sicher von einem Fuß zum anderen; zwischen den Gewichtsübertragungen entsteht jeweils eine kleine Pause (seit–heran–seit–heran …). Bei »heran« schließt man zum »Sammeln« den freien Fuß ohne Gewicht zum Standbein. Die Frau folgt seiner Bewegung und kann dabei die Augen schließen.

Hinweis: Wiegeschritte zur Seite werden auch Pendelschritte genannt und eignen sich ausgezeichnet zum Pausieren zwischen den Tanzfiguren und als Denkpause für den Mann. Der Mann kann auch mit dem L-Fuß, die Frau mit dem R-Fuß seitwärts beginnen.

Die Silhouette des Tangopaares sollte eine Pyramidenform bilden. In geschlossener Umarmung gehen die Körper der Partner zu den Füßen immer weiter auseinander. Der Mann versucht die Frau allein durch die stabile Umarmung (*abrazo*) und die deutliche Gewichtsverlagerung von einem Schritt zum anderen in den Wiegeschritt (*cunita*) zu führen. Die Frau verhält sich dabei eher abwartend und überlässt die zeitliche Einteilung der Bewegung dem Mann.

Ausgangsposition

Füße	Leicht nach links versetzt, der rechte Fuß des Mannes zeigt zwischen die Füße der Frau; Fußspitzen bleiben immer in Kontakt mit dem Boden, jeder Seitwärtsschritt wird genau parallel zum Standfuß gesetzt
Beine	Parallel, in den Knien leicht nachgebend
Rumpf	Aufrecht, den Körperschwerpunkt etwas nach vorne gebracht, das Lot über den Zehen
Schultern	Parallel zu den Schultern des Partners
Arme	In geschlossener Umarmung (S. 24)
Kopf	Aufrecht und mit leichtem Kontakt an den Schläfen
Start	Aus der Grundstellung: Er R-Fuß seitwärts – Sie L-Fuß seitwärts

B1

B2

B3

B4

Wiegen rechts und links vorbei

A Rechts vorbei

Ziel: *Mit nach rechts gedrehtem Oberkörper, an der rechten Körperseite der Frau vorbei miteinander wiegen*

B Links vorbei

Ziel: *Mit nach links gedrehtem Oberkörper, an der linken Körperseite der Frau vorbei miteinander wiegen*

Übung: Der Mann tanzt die Wiegeschritte außenseitlich im Rhythmus der Musik und verlagert sein Körpergewicht bewusst und sicher von einem Fuß zum anderen; zwischen den Gewichtsübertragungen entsteht jeweils eine kleine Pause (vor–heran–rück–heran… bzw. rück– heran–vor–heran…). Bei »heran« kann man zum »Sammeln« den freien Fuß ohne Gewicht zum Standbein heranziehen. Als Verzierung *(adorno)* kann mit dem Spielbein dabei ein leichtes Vor- bzw. Hinterkreuzen getanzt werden. Die Frau folgt seiner Bewegung und kann dabei die Augen schließen.

Hinweis: Bei dieser Übung kommt es darauf an, trotz der außenseitlichen Gehweise die Einheit mit der Partnerin/dem Partner nicht zu verlieren. Die Oberkörper müssen dabei so deutlich nach rechts bzw. nach links gedreht werden, dass die Haltung bequem erhalten bleibt und die Schultern immer noch gerade voreinander stehen.

Der Mann versucht seine Partnerin allein durch die stabile Umarmung *(abrazo)* und die deutliche Gewichtsverlagerung von einem Schritt zum anderen in den Wiegeschritt *(cunita)* zu führen. Die Frau verhält sich dabei eher abwartend und überlässt die zeitliche Einteilung der Bewegung dem Mann.

Ausgangsposition

Füße	Leicht nach links versetzt
Beine	Parallel, in den Knien leicht nachgebend
Rumpf	Aufrecht, den Körperschwerpunkt etwas nach vorne gebracht, das Lot über den Zehen; den Oberkörper in der Taille $1/8$ bis $1/4$ nach rechts gedreht
Schultern	Parallel zu den Schultern des Partners
Arme	In halboffener Umarmung (S. 24)
Kopf	Aufrecht gehalten
Start	Aus einem Seitwärts-Schritt: Er R-Fuß vor – Sie L-Fuß rück

Ausgangsposition

Füße	Leicht nach rechts versetzt
Beine	Parallel, in den Knien leicht nachgebend
Rumpf	Aufrecht, den Körperschwerpunkt etwas nach vorne gebracht, das Lot über den Zehen. Den Oberkörper in der Taille $1/8$ bis $1/4$ nach links gedreht
Schultern	Parallel zu den Schultern des Partners
Arme	In halboffener Umarmung (S. 24)
Kopf	Aufrecht gehalten
Start	Aus einem Seitwärts-Schritt: Er R-Fuß vor – Sie L-Fuß rück

A1

A2

B1

B2

Drehen kurven

A Solo

Ziel: *Rhythmisch und bewusst Kurven laufen*
Übung: Jeder läuft für sich, ohne den Partner, im Rhythmus der Musik Kurven. Dabei kommt es darauf an, dass die Schritte genau zur Musik passen. Hierbei können Gehschritte vorwärts und rückwärts getanzt werden. Jeder Schritt sollte bewusst, genau in die geplante Richtung und möglichst flach am Boden gesetzt werden. Rhythmisch kann jeder wählen, ob er langsame oder schnelle Schritte oder eine Mischung tanzen will.
oder
Ziel: *Für die Bewegung des Partners sensibel werden*
Übung: Es wird noch interessanter, wenn die Frau den »Schatten« des Mannes darstellt: Sie stellt sich in etwa einen Meter vor ihm auf und versucht so zu tanzen, als wenn sie mit ihrem Partner durch Tanzhaltung verbunden wäre; sie folgt ihm wie sein Schatten. Er muss seinerseits versuchen, seine Bewegungen langsam, bewusst und eindeutig zu vollziehen, damit ihm die Frau folgen kann.

B1

B2

B Paarweise

Ziel: *Durch die Umarmung soll das Paar zu einer Einheit verschmelzen und sich in sanften Kurven über die Tanzfläche bewegen.*

Übung: Der Mann tanzt kurvende Vorwärts- oder Rückwärtsschritte im Rhythmus der Musik und verlagert sein Körpergewicht bewusst und sicher von einem Fuß zum anderen; die Frau folgt seiner Bewegung und kann dabei die Augen schließen.

Ausgangsposition

Füße	Leicht nach links versetzt, der rechte Fuß des Mannes zeigt zwischen die Füße der Frau
Beine	Parallel, in den Knien leicht nachgebend
Rumpf	Aufrecht, den Körperschwerpunkt etwas nach vorne gebracht, das Lot über den Zehen
Schultern	Parallel zu den Schultern des Partners
Arme	In geschlossener Umarmung (S. 24)
Kopf	Aufrecht und mit leichtem Kontakt an den Schläfen
Start	Aus der Grundstellung: Er R-Fuß vorwärts – Sie L-Fuß rückwärts in die L-Kurve

Hinweis: Die Silhouette des Tangopaares sollte eine Pyramidenform bilden. In geschlossener Umarmung gehen die Körper der Partner zu den Füßen immer weiter auseinander. Der Mann versucht seine Partnerin allein durch die stabile Umarmung *(abrazo)* und die deutliche Gewichtsverlagerung von einem Schritt zum anderen in die Kurven zu führen. Die Frau verhält sich dabei eher abwartend und überlässt die zeitliche Einteilung der Bewegung dem Mann.

B3

B4

Drehen zirkeln

A Er im Zentrum – Sie zirkelt nach links

Ziel: *Durch die Umarmung soll das Paar zu einer Einheit verschmelzen und in der Zirkeldrehung nach links das Gleichgewicht halten.*

Übung: Der Mann steht mit geschlossenen Füßen und wird von der Frau gedreht, während sie beliebig viele Vorwärtsschritte links vorbei tanzt und ihr Körpergewicht bewusst und sicher von einem Fuß zum anderen verlagert.

Hinweis: Der Mann versucht bei beiden Übungen allein durch die stabile Umarmung *(abrazo)* und die deutliche Führung der Arme seine Partnerin in den Zirkel zu führen. Die Frau verhält sich dabei eher abwartend und überlässt die zeitliche Einteilung der Bewegung dem Mann.

Ausgangsposition

Füße	Leicht nach links versetzt, der rechte Fuß des Mannes zeigt zwischen die Füße der Frau
Beine	Parallel, in den Knien leicht nachgebend
Rumpf	Aufrecht, den Körperschwerpunkt etwas nach vorne gebracht, das Lot über den Zehen
Schultern	Parallel zu den Schultern des Partners
Arme	In offener Umarmung (S. 24)
Kopf	Aufrecht gehalten
Start	Aus der Grundstellung: Er Füße schließen – Sie R-Fuß seit

A1

A2

A3

Ausgangsposition

Füße	Leicht nach links versetzt, der rechte Fuß des Mannes zeigt zwischen die Füße der Frau
Beine	Parallel, in den Knien leicht nachgebend
Rumpf	Aufrecht, den Körperschwerpunkt etwas nach vorne gebracht, das Lot über den Zehen
Schultern	Parallel zu den Schultern des Partners
Arme	In offener Umarmung (siehe S. 24)
Kopf	Aufrecht gehalten
Start	Aus der Grundstellung: Er R-Fuß vor – Sie Füße schließen

B Sie im Zentrum –
Er zirkelt nach rechts

Ziel: *Durch die Umarmung soll das Paar zu einer Einheit verschmelzen und in der Zirkeldrehung nach rechts das Gleichgewicht halten.*

Übung: Die Frau steht mit geschlossenen Füßen und wird vom Mann gedreht, während er beliebig viele Vorwärtsschritte rechts vorbei tanzt und sein Körpergewicht bewusst und sicher von einem Fuß zum anderen verlagert.

Hinweis: Als Variation können beide Zirkeldrehungen auch zur Gegenseite geübt werden.

B1

B2

B3

Drehen mit Wiegen

A Nach links

Ziel: *Durch die Umarmung soll das Paar zu einer Einheit verschmelzen und sich kontinuierlich hin und her wiegend nach links drehen.*

Übung: Der Mann tanzt die Wiegeschritte im Rhythmus der Musik und verlagert sein Körpergewicht bewusst und sicher von einem Fuß zum anderen (vor–rück–vor–rück etc.); die Frau folgt seiner Bewegung und kann dabei die Augen schließen.

Hinweis: Der Mann kann auch mit dem R-Fuß rückwärts beginnen.

Ausgangsposition

Füße	Leicht nach links versetzt, der rechte Fuß des Mannes zeigt zwischen die Füße der Frau
Beine	Parallel, in den Knien leicht nachgebend
Rumpf	Aufrecht, den Körperschwerpunkt etwas nach vorne gebracht, das Lot über den Zehen
Schultern	Parallel zu den Schultern des Partners
Arme	In geschlossener Umarmung (S. 24)
Kopf	Aufrecht und mit leichtem Kontakt an den Schläfen
Start	Aus der Grundstellung: Er L-Fuß vorwärts – Sie R-Fuß rückwärts

A1

A2

B Nach rechts

Ziel: *Durch die Umarmung soll das Paar zu einer Einheit verschmelzen und sich kontinuierlich hin und her wiegend nach rechts drehen.*

Übung: Der Mann tanzt die Wiegeschritte im Rhythmus der Musik und verlagert sein Körpergewicht bewusst und sicher von einem Fuß zum anderen (vor–rück–vor–rück etc.); die Frau folgt seiner Bewegung und kann dabei die Augen schließen.

Hinweis: Der Mann kann auch mit L-Fuß rückwärts beginnen.

A3

A4

Stoppen mit Richtungswechsel

A L-Fuß Stopp mit Richtungswechsel nach links

Ziel: *Der Mann soll seine Partnerin aus der Gehbewegung stoppen und in eine neue Richtung führen.*

Übung: Der Mann stoppt seine Partnerin an einem musikalisch geeigneten Punkt aus dem Vorwärtsgehen. Dann tanzt er einen Schritt zurück, einen Seitwärtsschritt mit leichter Drehung und setzt schließlich den Vorwärtsfluss seiner Bewegung außenseitlich an der Partnerin fort.

Ausgangsposition

Füße	Leicht nach links versetzt, der rechte Fuß des Mannes tanzt zwischen die Füße der Frau
Beine	Parallel, in den Knien leicht nachgebend
Rumpf	Aufrecht, den Körperschwerpunkt etwas nach vorne gebracht, das Lot über den Zehen
Schultern	Parallel zu den Schultern des Partners
Arme	In halboffener Umarmung (S. 24)
Kopf	Aufrecht und zum Partner ausgerichtet

A1

A2

A3

A4

A L-Fuß Stopp mit Richtungswechsel nach links

Schritte	Er	Sie
1	L-Fuß vor, Bewegung stoppen	R-Fuß rück
2	R-Fuß rück	L-Fuß vor
3	L-Fuß seit, etwas größer als die Frau, $^1/_4$ L-Drehung	R-Fuß seit, $^1/_4$ L-Drehung
4	R-Fuß vor, R-vorbei	L-Fuß rück

B R-Fuß Stopp mit Richtungswechsel nach rechts

Schritte	Er	Sie
1	R-Fuß vor, Bewegung stoppen	L-Fuß rück
2	L-Fuß rück	R-Fuß vor
3	R-Fuß seit, etwas größer als die Frau, $^1/_4$ R-Drehung	L-Fuß seit, $^1/_4$ R-Drehung
4	L-Fuß vor, L-vorbei	R-Fuß rück

Hinweis: Im Stopp, der *Parada* (*parada* = Stopp, Halt, Haltestelle), hält der Mann die Bewegung der Frau plötzlich durch seine Führung an und führt seine Partnerin in eine neue Richtung oder Figur. Dieses Element wird als Richtungswechsel nach rechts und nach links verwendet und macht das Paar flexibel für Ausweichmanöver.

Die Silhouette des Tangopaares sollte eine Pyramidenform bilden. In halboffener Umarmung gehen die Körper der Partner bis zu den Füßen immer weiter auseinander. Der Mann versucht seine Partnerin allein durch die stabile Umarmung (*abrazo*) und die deutliche Gewichtsverlagerung von einem Schritt zum anderen in den Stopp und die neue Bewegungsrichtung zu führen. Die Frau verhält sich dabei eher abwartend und überlässt die zeitliche Einteilung der Bewegung dem Mann.

Stoppen mit Seitenwechsel

A R-Fuß Stopp rechts vorbei mit Seitenwechsel

Ziel: *Der Mann soll seine Partnerin aus der Vorwärts-Gehbewegung außenseitlich stoppen und auf die andere Körperseite der Frau wechseln.*

Übung: Der Mann stoppt seine Partnerin an einem musikalisch geeigneten Punkt aus dem außenseit-lichen Vorwärtsgehen. Diese Übung nennt man *Parada*. Dann tanzt er einen Schritt zurück, wechselt durch einen Seitwärtsschritt auf die andere Körper-seite der Frau und setzt den Vorwärtsfluss seiner Bewegung vorwärts außen an der anderen Seite der Partnerin fort.

Ausgangsposition

Füße	Leicht nach links versetzt, der rechte Fuß des Mannes zeigt zwischen die Füße der Frau
Beine	Parallel, in den Knien leicht nachgebend
Rumpf	Aufrecht, den Körperschwerpunkt etwas nach vorne gebracht, das Lot über den Zehen
Schultern	Parallel zu den Schultern des Partners
Arme	In halboffener Umarmung (S. 24)
Kopf	Aufrecht gehalten und zum Partner ausgerichtet

A1

A2

A3

A4

A R-Fuß Stopp rechts vorbei mit Seitenwechsel

Schritte	Er	Sie
	Oberkörper dreht leicht nach R	
1	R-Fuß vor, R-vorbei, Bewegung stoppen	L-Fuß rück
2	L-Fuß rück	R-Fuß vor, R-vorbei
3	R-Fuß seit, etwas größer als die Frau, Oberkörper dreht leicht nach L	L-Fuß seit
4	L-Fuß vor, L-vorbei	R-Fuß rück

B L-Fuß Stopp links vorbei mit Seitenwechsel

Schritte	Er	Sie
	Oberkörper dreht leicht nach L	
1	L-Fuß vor, L-vorbei, Bewegung stoppen	R-Fuß rück
2	R-Fuß rück	L-Fuß vor, L-vorbei
3	L-Fuß seit, etwas größer als die Frau, Oberkörper dreht leicht nach R	R-Fuß seit
4	R-Fuß vor, R-vorbei	L-Fuß rück

Hinweis: Im Stopp, der *Parada* (*parada* = Stopp, Halt, Haltestelle), hält der Mann die Bewegung der Frau plötzlich außenseitlich durch seine Führung an und wechselt auf die andere Seite (Seitenwechsel). Dieses Element wird als Seitenwechsel nach rechts und nach links verwendet und macht das Paar flexibel für Ausweichmanöver. Sehr häufig wird der außenseitliche Schritt 3 der Basis-Figur Salida/Base (S. 68) als Stopp getanzt. Die Silhouette des Tangopaares sollte eine Pyramidenform bilden. In halboffener Umarmung gehen die Körper der Partner zu den Füßen immer weiter auseinander. Der Mann versucht seine Partnerin allein durch die stabile Umarmung (*abrazo*) und die deutliche Gewichtsverlagerung von einem Schritt zum anderen in den Stopp und den Seitenwechsel zu führen. Die Frau verhält sich dabei eher abwartend und überlässt die zeitliche Einteilung der Bewegung dem Mann.

Stoppen mit »Valentino«

Ziel: *Der Mann soll seine Partnerin aus der Gehbewegung stoppen und danach in die Pose, den »Valentino«, führen.*

Übung: Vor der Pose hält der Mann seine Partnerin an einem musikalisch geeigneten Punkt durch einen Stopp aus dem Vorwärtsgehen heraus an. Dann tanzt er einen Schritt, nimmt seine Partnerin mit in einen Ausfallschritt seitwärts und hält diese Position.

Ausgangsposition

Füße	Leicht nach links versetzt, der rechte Fuß des Mannes zeigt zwischen die Füße der Frau
Beine	Parallel, leicht gebeugt
Rumpf	Aufrecht, beide Partner bringen ihre Schwerpunkte (Achsen) stark nach vorne und zueinander, das Lot über den Zehen
Schultern	Parallel zu den Schultern des Partners
Arme	In geschlossener Umarmung (S. 24)
Kopf	Aufrecht und mit leichtem Kontakt an den Schläfen

A Valentino: L-Fuß rückwärts

B Valentino: R-Fuß rückwärts

C Valentino: R-Fuß seitwärts

A3

B3

C2

Mit hoher Armhaltung

A Valentino: L-Fuß rückwärts

Schritte	Er	Sie
1	L-Fuß vor, Bewegung stoppen	R-Fuß rück
2	R-Fuß rück	L-Fuß vor
3	L-Fuß rück	R-Fuß vor

B Valentino: R-Fuß rückwärts

Schritte	Er	Sie
	Oberkörper dreht leicht nach R	
1	R-Fuß vor, R-vorbei, Bewegung stoppen	L-Fuß rück
2	L-Fuß rück	R-Fuß vor
3	R-Fuß rück	L-Fuß vor

C Valentino: R-Fuß seitwärts

Schritte	Er	Sie
1	L-Fuß schließen	R-Fuß schließen
2	R-Fuß seit	L-Fuß seit

Hinweis: Der Name »Valentino« erinnert sowohl an den Tangosänger Enzo Valentino, der 1919 in Argentinien geboren als Interpret des *Tango rioplatense* populär wurde, als auch an den Tänzer Rudolf(o) Valentino, der 1921 durch den Hollywoodstreifen »Four Horses of the Apokalypse« weit über die Grenzen Argentiniens hinaus den Ruf des Tangos prägte.

Bei der gleichnamigen Tangopose, dem *Valentino*, kann man die gefassten Hände heben, um die Körpersilhouette des Paares wie einen Halbmond erscheinen zu lassen und der Pose einen Showeffekt zu geben.

Posen sind Verzierungselemente im Tango, die als rhythmische Akzentuierung musikalische Höhepunkte oder als dekorative Schlussfigur getanzt werden. Dazu reicht es oft, einen Fuß ohne Gewicht am Boden vorwärts, seitwärts oder rückwärts so lange dramatisch zu halten, wie es in der Musik passt.

Der Mann versucht seine Partnerin alleine durch die stabile Umarmung (*abrazo*) und die deutliche Gewichtsverlagerung von einem Schritt zum anderen in den Stopp und die Pose zu führen. Die Frau verhält sich dabei eher abwartend und überlässt die zeitliche Einteilung der Bewegung dem Mann.

A la francesa Milonga

Letra de E. Mónaco
Musica de D.A. Linyera

Te lo bato a la sans façon
que es très joli vivir a lo fifí
para poder hacer como el gorrión,
picar aqui, picar allá sin entregar el corazón.

Pero vos que estás en el carril
de la vejez, tirate a muerto che,
total pa'que si el cuero no te da
cantá »le jour …, le jour de gloire c'est arrivé«

A!! la francesa hay que vivirla,
a la francesa hay que seguirla
a la francesas a los 20 años,
se rie siempre, no hay desengaño.

Caray!! con esos viejos verdes,
caray, que ladran y no muerden,
no juegen al amor que pierden,
a la francesa hay que vivir.

Hoy viejito tiene que aguantar,
sin protestar, con leche y con puré,
si pa'comer ni un diente le quedó
y el capital de su vejez es un porrón para los pies

El candor es pa' la juventud,
que vas a hacer, no estás para correr
con ese tren largá viejo, largá y
cantá … »le jour …, le jour de gloire c'est arrivé«

A!! la francesa hay que vivirla,
a la francesa hay que seguirla
a la francesa a los 20 años,
se rie siempre, no hay desengaño
caray!! con esos viejos verdes,
caray, que ladran y no muerden,
no juegen al amor que pierden,
a la francesa hay que vivir,
a la francesa hay que vivir,
a la francesa hay que vivir …

Exil Paris

Le Tango

◁ »Nu-pieds« (barfuß)
▷ La Présentation de Tango

guayisch-argentinischen Sänger, Musiker, Textdichter und Tänzer Alfredo Eusebio Gobbi, die 1907 zu Plattenaufnahmen nach Paris kamen. Sie galten als Vertreter des »primitiven« *Tango ríoplatense*, unterlegten den meist instrumentalen Tangostücken ansprechende erotische Texte, trugen diese im *Lunfardo*, dem Slang von Buenos Aires, vor und wurden damit zu Pionieren der Tonaufzeichnung des Tangos. Sie waren zu Tonaufnahmen bereits in New York und London und Madrid gewesen und stellten dem aufgeschlossenen französischen Publikum das neues Genre vor. In Begleitung der Militärkapelle »Bande Republicaine de Paris« legte die beiden durch ihre spektakulären Auftritte den Grundstein für die Popularität des Tangos in Europa. Nachdem ihr Sohn Alfredo Julio Gobbi Rodríguez in Paris zur Welt gekommen war, der später ebenfalls ein bekannter Tangomusiker wurde, kehrten sie 1913 nach Buenos Aires zurück.

Während der Tango in Buenos Aires aus Not und Unterdrückung geboren war und milieugebunden blieb, galt er in Paris als extravagant, exotisch, prickelnd anrüchig und schick. Er fand seinen Weg in die diversen Nachtlokale im Stadtviertel von Montmartre, in Varietés wie das »Moulin Rouge« und die »Folies Bergères«, später auch in Cafés und Salons in anderen Stadtteilen wie im Künstlerviertel Quartier Latin. Mit den im Dialekt gesungenen Tangotexten konnten die meisten Franzosen zwar nichts anfangen

Durch den Schiffsverkehr zwischen den Welthäfen von Südamerika und Europa kam es um die Jahrhundertwende vom 19. zum 20. Jh. zu einem Kulturaustausch zwischen den Kontinenten. In keinem europäischen Land konnte sich der Tango Argentino so umfassend etablieren wie in Frankreich. Die ersten Tangomusiker, die den Tango in der alten Welt bekannt machten, waren das Vokal- Instrumentalduett »Dúo Los Gobbi« mit der spanisch-argentinischen Sängerin Flora Rodríguez de Gobbi und dem uru-

Pablo Verón

und auch die Musik wirkte auf die meisten etwas fremd und kompliziert, aber der Tanz und das Gefühl, das er ausstrahlte faszinierte die Menschen. Tango war en vogue! Immer mehr Akademien und Tanzschulen wurden eröffnet, in denen vielfach Rückwanderer aus Argentinien unterrichteten. Es entwickelte sich eine pariserische Art Tango zu tanzen. Man veranstaltete Tangotees und Tanzwettbewerbe, bei denen wie im »Palais de Glaces« 1913 ein Paar einen Tango-Tanzwettbewerb gewann, indem es 62 Tangos hintereinander tanzte. Der Tango kreierte sogar seine eigene Mode: Farbenfrohe, hoch geschlitzte Kleider wurden getragen, orange-rote Farbtöne waren der letzte Schrei.

Das weltoffene Paris besaß kulturell eine gewisse Vorreiterstellung und die Beachtung, die der Tango dort erfuhr, wirkte auf andere europäische Länder ansteckend. Der zum Kunstwerk stilisierte Tango, der einerseits den Macho, andererseits die Unterwerfung und Koketterie der Frau inszenierte, fand seine Fortsetzung in dm Standard-Tango, den die Engländer schufen. Paris wurde während der Jahre der argentinischen Militärdiktatur von 1970 an Zufluchtsort für Intellektuelle, Künstler, Tangomusiker und Tänzer und entwickelte sich zur zweiten Heimat des unkonventionellen Tango Argentino. Die Filme »El Exilio de Gardel« und der 1980 in Cannes ausgezeichnete Streifen »Sur« von Fernando E. Solanas erzählen von dieser traurigen historischen Periode und heroisieren den Tango als seelische Zuflucht. Viele Künstler waren zwar in Argentinien schon populär, kamen aber erst im Pariser Exil zu Ruhm und internationaler Beachtung. Das berühmte »Sexteto Mayor« spielte 1981 bei der Eröffnung des Tanzlokales und Konzert-Cafés »Les Trottoirs de Buenos Aires« in Paris, das durch die Auftritte renommierter Tangokünstler die ríoplatensische Tradition bewahrte. Die Tango-Show »Tango Argentino« wurde im November 1983 auf dem »Festival d'Automne« in

Paris uraufgeführt, später auch in ganz Frankreich, Italien, USA und in Deutschland mit überragendem Erfolg gezeigt und gespielt. Tanzgrößen wie Juan Carlos Copes und Miría Nieves, Gloria & Eduardo und die Dinzels gehörten zu der Tanzcrew, die sich in Paris profilierte.

Heute ist Paris ein festes kulturelles Standbein für argentinische Musiker und Tänzer, die sich in der Szene etablieren wollen. Auch für Pablo Verón, den talentierten argentinischen Bühnentänzer und Choreografen, der seit Jahren in Paris lebt und 1997 mit der Amerikanerin Sally Potter den Kultfilm »Tango Lesson« in Paris, London und Buenos Aires gedreht hat. Inzwischen bilden sich auch Orchester und Musikstücke heraus, die den Tango mit Elementen der französischen Musik wie dem Musettewalzer anreichern (z.B. »Jean Jaques Partice et ses Neo Bandoneóns«, Paris; oder das deutsche Duo »Brise Parisienne«, Regina Mück, Werner Sinner, Paris-München). Damit ist eine eigene, leicht französische Tangotanz- und Musikkultur entstanden.

»Tango ist ... die Überzeugung, dass ein Streit auch ein Genuss sein kann.«

Jorge Luis Borges, argentinischer Schriftsteller, 1899–1086

Bühne & Salon

Im Tango Argentino wird zwischen zwei verschiedenen Formen, dem **Bühnentango** und dem **Tango de Salon** unterschieden. Mit Bühnentango sind alle Darbietungen der drei Tänze Tango, Vals und Milonga gemeint, die in Theatern, Filmen, Balleinlagen und anderen Shows zu sehen sind. Mit Tango de Salon bezeichnet man den Tanz des Publikums, der auf den Tanzveranstaltungen, den Milongas, Tanzcafés und auf Bällen getanzt wird.

Der Bühnentango ist in der Regel eine choreografierte Einstudierung mit ausgewählten Musikstücken, einem dramatischen Leitfaden, festgelegten Schritten, akrobatischen Einlagen und aufwändigen Posen. Nichts wird dem Zufall überlassen, die musikalischen Höhepunkte werden bewusst inszeniert, sogar Klei-

dung, Frisur und Dekoration sind auf das getanzte Thema exakt abgestimmt. In diesem Rahmen werden auch oft Fremdelemente aus verwandten Tänzen mitverwendet, z. B. aus dem Flamenco und anderen Folkloretänzen.

Im Tango de Salon hingegen wird alles spontan entschieden und improvisiert. Es gibt die freie Wahl des Tanzpartners/der Tanzpartnerin und der Schrittfolgen, moderate Posen und keine Akrobatik. Der Tango wird vom Mann intuitiv auf ein beliebiges Musikstück entwickelt, auf seine Partnerin durch einfühlsame Führung übertragen, immer wieder anders gestaltet und je nach Tagesform, Temperament und Können einfacher oder aufwändiger getanzt. Kein Tango gleicht dem anderen!

Beide Formen haben ihren Reiz, das Betrachten eines gelungenen Kunstwerkes auf der Bühne ist genauso spannend, wie das Miterleben einer gekonnten Improvisation. Große Könner unter den Tangopaaren haben auch manchmal den Mut, sich bei einer Show auf ihre spontanen Einfälle zu verlassen, oder mischen verabredete Teile mit Improvisation.

△ Tango de Salon
◁ Bühnentango
▷ »Brise Parisienne«

Paris

Milongas und Práctica

Académie de Dance de Paris; Association Comme Il Faut; Bal Dingue; Bal Lumière; Baltango des Saints; Bal Tangi Arbentin; Bal Au Divan du Monde; Cabaret Sauvage; Centre Omnidance Paris Bercy; El Patio; Espace 8 Novembre; Espace Oxygene; Grande Salle De Dance De Neuilly; Le Tango; MJC Neuilly; MJC Point du Jour; La Fleche d'or; La Maison Verte; La Sourdière; Le Bistro Latin; Les Couleurs; Le Temps Du Tango; Los Latinos; Mecano Bar; Milonga Hebdomadaire; Quais de La Seine; Université de Paris VIII

Tangolehrer

Alain de Caro; Alfredo Palacios & Isabelle de la Preugne; Andréa; Anibal Pannuzio & M. Danni; Bibiana Guilhamet; Carmen & Victor; Christophe & Judith Elbaz; Claudia Codega & Esteban Moreno; Claudia Rosenblatt; Daniel & Carole; David Esteve; David Leibart & Flavia Nasio; Fabiana Basso; Francisco Terto; Frédérico Guérin; Guy Burtart; Imed Chemam; Javier Castello; Jorge Rodriguez; Lia Nanni; Marc Pianko & Elena Oulissova; Maria Rosa Hakimiam; Natalie Clouet; Orlando »Coco« Dias; Pablo Verón; Phillippe Chevalier & Elaine Decostanzi; Pierre Leharge & Phillipe Stainvurcel; Remi Hess & Charlotte; Teresa Cunha; Veronique Boucasse & Thierry Le Cocq; Virginie Buronfossé & Jean Noel Even; Vito Cuffaro & Marie-Claude Martin

Festivals

Tango Argentin de Paris (www.fascinationdetango.com)

Tango in Frankreich

Avignon, Coubevoie, Grenoble, Paris, Lille, Marseille, Montpellier, Nimes, Clermont-Ferrand, Grenoble, Nice, Rennes, Ales, Arras, Bordeaux, Grenoble, Lyon, Orleans, Pau, Reims, Toulouse

Tango-Infos

www.clubinternet.fr/perso/tango

Die Gang-Art

Die Kunst, in Harmonie und Gleichklang miteinander zu gehen, erzeugt Hochgefühle und bietet einen äußerst ästhetischen Anblick. Im Tango kann das aber nur funktionieren, wenn man sich das Gehen in Spuren bewusst macht.

1. Vierspuriges Gehen

Mit entgegengesetzten Füßen (de frente):
Wie in den Basis-Elementen (»Stehen, paarweise in Grundstellung«) beschrieben, beginnt man in Gegenüberstellung leicht nach links versetzt voreinander. Beim Gehen werden die entgegengesetzten Füße verwendet (Er R-Fuß, Sie L-Fuß oder Er L-Fuß, Sie R-Fuß); so hat jeder Partner zwei Gehspuren zur Verfügung.

2. Dreispuriges Gehen

Mit gleichen Füßen (de frente cruzado):
Wie in den Basis-Elementen (»Stehen, paarweise in Grundstellung«) beschrieben, beginnt man in Gegenüberstellung leicht nach links versetzt voreinander. Beim Gehen in der Position *cruzado* werden die gleichen Füße verwendet (Er R-Fuß, Sie R-Fuß oder Er L-Fuß, Sie L-Fuß); so haben die beiden Partner zusammen drei Gehspuren zur Verfügung.

3. Zweispuriges Gehen

Außenseitlich an der rechten/linken Seite vorbei (el lado abierto/el lado cerrado):
Wie in den Basis-Elementen (»Gehen, rechts vorbei«/»Gehen, links vorbei«) beschrieben, geht der jeweils Vorwärtstanzende außenseitlich am Partner vorbei und setzt die Füße jeweils auf einer Spur, entweder mit entgegengesetzten Füßen oder mit gleichen Füßen *cruzado. Oder*
Direkt voreinander (de frente/de frente cruzado):
Der Vorwärtsgehende tanzt unmittelbar in die Gehspuren des Rückwärtsgehenden, entweder mit entgegengesetzten Füßen, oder mit gleichen Füßen *cruzado*, indem er bei jedem Vorwärtsschritt überkreuzt. Letztere Version ist nur für fortgeschrittene Tänzer zu empfehlen.

Voraussetzung für die Fortbewegung in vier, drei oder zwei Spuren ist eine saubere Fußführung. Schon beim Start sollten Tänzer und Tänzerin darauf achten, ihre Füße parallel zu schließen und beim Gehen spurgenau zu setzen um Kollisionen zu vermeiden.

Tanzfiguren
Basis-Figuren

Einführung

Bekanntlich gibt es im Salontango keine festen Schrittfolgen, keine Vorschriften in der Einteilung des Tanztempos und jeder Tänzer bestimmt für sich und seine Partnerin die Tanzchoreografie selbst. Zu den klassischen Bausteinen, die man dazu verwenden kann zählen die Basis-Figuren. Darunter verstehen wir für den Tango typische Schrittkombinationen, die einfach zu tanzen und leicht zu kombinieren sind. Sämtliche Basis-Figuren können mit den zuvor beschriebenen Basis-Elementen beliebig kombiniert werden.

Auf den folgenden Seiten werden 15 Basis-Figuren beschrieben: Die Grundfigur *Salida/Base* mit ihren

Variationen, der Karree-Schritt *Baldosa* in drei Abwandlungen, die Wiegeschrittdrehungen *Cunita*, verschiedene Achter-Kehren *Ochos* und die halben Drehungen *Media Luna*. In allen fünfzehn Figuren werden genaue Schrittbeschreibungen, Rhythmus-Empfehlungen und ausführliche Erläuterungen gegeben. Grundtechniken wie das Stehen, Gehen, Wiegen, Drehen, Stoppen werden aus dem Kapitel Basis-Bewegungen vorausgesetzt.

▷ **Figurenelemente:** In der Beschreibung der Basis-Figuren wird zuerst ein Überblick über die in der Figur enthaltenen Elemente gegeben.
Beispiel *Cunita*: Figurenelemente Salida/Base 1–5, Cunita 6–8, Salida/Base 2–8
Die Zahlen beziehen sich auf die jeweilige Originalfigur und geben die Schritte an (z.B. 1–5), die aus der Originalfigur verwendet werden.
▷ **Ausgangsposition:** Hier wird auf die im Kapitel Basis-Elemente ausführlich beschriebene Grundstellung (Fußstellung, Körperhaltung …) und die verschiedenen Tanzhaltungen Bezug genommen.
▷ **Schrittbeschreibungen:** Diese werden für Mann und Frau (Er, Sie) mit Zahlenangaben (Schritte 1, 2, 3, 4…) gegeben. Die Führungshinweise sind weitgehend in die Schrittbeschreibungen integriert oder als Hinweis am Ende der Figur beschrieben. Als Abkürzungen werden lediglich R = rechts und L = links verwendet. Die in den Beschreibungen erwähnten Fachbegriffe werden auf Seite 156 erklärt. Leider konnten nicht alle Schritte durch Fotos illustriert werden. Die farbig gedruckten Zahlen verwei-

sen auf diejenigen Schritte, die in den Abbildungen zu finden sind.

▷ **Rhythmus-Empfehlungen:** Hier werden meist mehrere Alternativen angeboten. Die erste (alle Schritte lang = langsam) wird beim Neulernen der Figur empfohlen; die zweite ist eine klassische Interpretation, die häufig verwendet wird; die letzte ist die schnellste Variante, die an schnellen Passagen der Musik einsetzen kann. Darüber hinaus ist jede musikgebundene rhythmische Interpretation möglich.

▷ **Hinweis:** Hier werden der spanische Name und die Besonderheiten der Figur erklärt.

Für jede Basis-Figur wurden ein einfacher Eingang und ein leichter Ausgang gewählt und sozusagen als Figurenkomplex angeboten. Das erleichtert am Anfang das Kombinieren der Figuren, weil man jeden Figurenkomplex mit dem gleichen Fuß beginnen und dadurch sehr leicht kombinieren kann. Fortgeschrittene Tangotänzer finden später heraus, was man sonst noch vor der beschriebenen Kernfigur tanzen und wie man diese noch auflösen kann. Hier gibt es unzählige Möglichkeiten, deren Beschreibung den Rahmen eines Buches sprengen würde.

Im Tango Argentino gilt, wie in anderen Gesellschaftstänzen, die Tanzrichtung gegen den Uhrzeigersinn. Auch wenn der Bewegungsfluss in diesem Tanz nicht so groß ist, auch wenn es im Tango viele Figuren gibt, die auf der Stelle oder in andere Richtungen getanzt werden, sollten alle Tanzpaare immer wieder zu der vereinbarten Tanzrichtung zurückkehren, um andere Mittänzer auf der Tanzfläche nicht zu stören. In Tangokreisen achtet man sehr darauf, dass kein anderes Paar angestoßen oder behindert wird. Die gleiche Sensibilität, die der Mann für seine Partnerin entwickeln muss hilft ihm, sich auf der Tanzfläche geschickt und höflich zu verhalten.

Beim Üben der Basis-Figuren sollte immer Musik dabei sein, zunächst als inspirierender Hintergrund, dann als musikalische Leitlinie für ein musikorientiertes Tanzen.

Salida/Base Schritte 1–8

Figurenelemente: Entrada 1–2, Salida 3–5, Resolutión 6–8

Ausgangsposition: In Grundstellung und geschlossener Umarmung (S. 24)

Hinweis: Die *Base* ist die Grundfigur des argentinischen Tangos und wird auch *Salida* oder *Paso Básico* genannt. Die acht Schritte setzen sich zusammen aus: zwei Schritten *Entrada*, dem Eingang in die Figur, drei Schritten *Salida* (Ausgang), den außenseitlichen Schritten mit dem Kreuzen der Frau und den drei Schritten *Resolutión* (Auflösung). Wie im Baukastensystem lassen sich diese acht Schritte in vielen Variationen neu zusammenfügen und an andere Figuren binden.

Zwischen den Schritten 1 und 2 soll der jeweils unbelastete Fuß ohne Gewicht zum »Sammeln« an das Standbein heranschließen (ohne Abb.). Bei Schritt 2 dreht der Mann seinen Oberkörper leicht nach rechts und führt dadurch seine Partnerin in den folgenden außenseitlichen Schritt. Diese Oberkörperhaltung wird bis zum 4. Schritt beibehalten und zum 5. Schritt hin aufgelöst, wenn der Mann das Schließen der Füße einleitet.

Rhythmus-Empfehlungen

– Alle Schritte lang

– Lang, lang,
  schnell, schnell, lang,
  schnell, schnell, lang

– Alle Schritte schnell

Salida/Base, Schritte 1–8

Schritte	Er	Sie	
1	R-Fuß rück	L-Fuß vor	
2	L-Fuß seit, etwas größer als die Frau, Oberkörper dreht leicht nach R	R-Fuß seit	**Entrada**
3	R-Fuß vor, R-vorbei	L-Fuß rück	
4	L-Fuß vor	R-Fuß rück	
5	R-Fuß schließen, Oberkörper dreht wieder zurück	L-Fuß vorkreuzen	**Salida**
6	L-Fuß vor	R-Fuß rück	
7	R-Fuß seit	L-Fuß seit	
8	L-Fuß schließen	R-Fuß schließen	**Resolutión**

1

2

3

4

5

6

7

8

Salida/Base mit Linksdrehung

Figurenelemente: Entrada 1–2, Salida 3–5, Resolutión 6–8

Ausgangsposition: In Grundstellung und geschlossener Umarmung (S. 24)

Hinweis: Bei einer leichten Linksdrehung bis zu $1/4$ (Abb. a) setzt der Herr bei Schritt 6 den L-Fuß vorwärts am rechten Fuß der Partnerin vorbei. Bei einer starken Linksdrehung bis zu $1/2$ (Abb. b) tanzt er bei Schritt 6 zwischen die Füße der Frau.

Rhythmus-Empfehlungen

– Alle Schritte lang

– Lang, lang,
   schnell, schnell, lang,
   schnell, schnell, lang

– Alle Schritte schnell

Tanzfiguren

70

Paris

6a

7a

8a

Salida/Base mit Linksdrehung

Schritte	Er	Sie	
1	R-Fuß rück	L-Fuß vor	
2	L-Fuß seit, etwas größer als die Frau, Oberkörper dreht leicht nach R	R-Fuß seit	**Entrada**
3	R-Fuß vor, R-vorbei	L-Fuß rück	
4	L-Fuß vor	R-Fuß rück	
5	R-Fuß schließen, Oberkörper dreht wieder zurück	L-Fuß vorkreuzen	**Salida**
6	L-Fuß vor	R-Fuß rück	
7	R-Fuß seit	L-Fuß seit	**Resolutión**
8	L-Fuß schließen	R-Fuß schließen	

6b

7b

8b

Salida/Base Variationen I+II

Ausgangsposition: In Grundstellung und geschlossener Umarmung (S. 24)

I Salonstart

Schritte	Er	Sie
1	L-Fuß seit, etwas größer, als die Frau, Oberkörper dreht leicht nach R	R-Fuß seit
2	R-Fuß vor, R-vorbei	L-Fuß rück
3	L-Fuß vor	R-Fuß rück
4	R-Fuß schließen, Oberkörper dreht wieder zurück	L-Fuß vorkreuzen
5	L-Fuß vor	R-Fuß rück
6	R-Fuß seit	L-Fuß seit
7	L-Fuß ohne Gewicht schließen (Brush)	R-Fuß ohne Gewicht schließen (Brush)
8	L-Fuß seit, etwas größer, als die Frau, Oberkörper dreht leicht nach R (Schritt 2)	R-Fuß seit
9–14	Salida/Base, Schritte 3–8	

II Salonstart ab Mitte

Schritte	Er	Sie
1	R-Fuß rück	L-Fuß vor
2	L-Fuß seit, etwas größer, als die Frau, Oberkörper dreht leicht nach R	R-Fuß seit
3	R-Fuß vor, R-vorbei	L-Fuß rück
4	L-Fuß vor	R-Fuß rück
5	R-Fuß schließen, Oberkörper dreht wieder zurück	L-Fuß vorkreuzen
6	L-Fuß seit, etwas größer, als die Frau, Oberkörper dreht leicht nach R (Schritt 2)	R-Fuß seit
7–12	Salida/Base, Schritte 3–8	

I Salonstart

Figurenelemente: Salida/Base 2–8, Salida/Base 2–8

Hinweis: Viele Tänzer bevorzugen den Salonstart aus Rücksicht auf die anderen Paare auf der Tanzfläche und beginnen immer mit dem Seitwärtsschritt.

1   7   8

II Salonstart ab Mitte

Figurenelemente: Salida/Base 1–5, Salida/Base 2–8

5

6

Rhythmus-Empfehlungen

I Salonstart
– Alle Schritte lang

– Lang, schnell, schnell, lang,
  schnell, schnell, lang,
  lang, schnell, schnell, lang,
  schnell, schnell, lang

– Alle Schritte schnell

II Salonstart ab Mitte
– Alle Schritte lang

– Lang, lang,
  schnell, schnell, lang, lang,
  schnell, schnell, lang,
  schnell, schnell, lang

– Alle Schritte schnell

Salida/Base Variationen III+IV

Ausgangsposition: In Grundstellung und geschlossener Umarmung (S. 24)

III Doppelter Start

Schritte	Er	Sie
1	R-Fuß rück	L-Fuß vor
2	L-Fuß seit	R-Fuß seit
3	R-Fuß rück	L-Fuß vor
4	L-Fuß seit, etwas größer als die Frau, Oberkörper dreht leicht nach R	R-Fuß seit
5	R-Fuß vor, R-vorbei	L-Fuß rück
6	L-Fuß vor	R-Fuß rück
7	R-Fuß schließen, Oberkörper dreht wieder zurück	L-Fuß vorkreuzen
8	L-Fuß vor	R-Fuß rück
9	R-Fuß seit	L-Fuß seit
10	L-Fuß schließen	R-Fuß schließen

IV Salida als Neustart

Schritte	Er	Sie
1	R-Fuß rück	L-Fuß vor
2	L-Fuß seit, etwas größer, als die Frau, Oberkörper dreht leicht nach R	R-Fuß seit
3	R-Fuß vor, R-vorbei	L-Fuß rück
4	L-Fuß vor	4 L-Fuß vor
5	R-Fuß schließen, Oberkörper dreht wieder zurück	L-Fuß vorkreuzen
6	L-Fuß vor	R-Fuß rück
7	R-Fuß seit	L-Fuß seit
8	L-Fuß schließen	8 L-Fuß schließen R-Fuß schließen
9	R-Fuß vor, R-vorbei	L-Fuß rück
10–14	Salida/Base, Schritte 4–8	

III Doppelter Start

Figurenelemente: Salida/Base 1–2, Salida/Base 1–8

Hinweis: Diese Variation eignet sich eher für Tanzflächen mit viel Platz. Im gefüllten Salon sollte der Mann aus Rücksicht auf die Mittänzer nicht zweimal rückwärts gehen.

1   2   3   4

IV Salida als Neustart

Figurenelemente: Salida/Base 1–8, Salida/Base 3–8

8   9

Rhythmus-Empfehlungen

III Doppelter Start
– Alle Schritte lang

– Lang, lang, lang, lang,
  schnell, schnell, lang,
  schnell, schnell, lang

– Alle Schritte schnell

IV Salida als Neustart
– Alle Schritte lang

– Lang, lang,
  schnell, schnell, lang,
  schnell, schnell, lang,
  schnell, schnell, lang,
  schnell, schnell, lang

– Alle Schritte schnell

Baldosa Karree-Schritte 1–6

Figurenelemente: Salida/Base 1–3, Salida/Base 6–8

Ausgangsposition: In Grundstellung und geschlossener Umarmung (S. 24)

Hinweis: Die *Baldosa* (= Kachel), die Karree-Schritte, sind die leichteste Variation der Grundfigur Salida/Base. Sie haben sich zu einer populären Basis-Figur entwickelt und werden deshalb hier eigenständig beschrieben.

In der *Baldosa* werden die Schritte 1–3 und 6–8 der Grundfigur *(Salida/Base)* verwendet. Diese sechs Schritte bilden das Karree. Sie sind für Einsteiger leichter zu tanzen, als die Grundfigur selbst und lassen sich mühelos in Laufschritte und andere Bewegungen integrieren.

Zwischen den Schritten 1 und 2 soll der jeweils unbelastete Fuß ohne Gewicht zum »Sammeln« an das Standbein heranschließen (ohne Abb.). Bei Schritt 2 dreht der Herr seinen Oberkörper leicht nach rechts und führt dadurch seine Partnerin in den folgenden außenseitlichen Schritt. Diese Oberkörperhaltung wird bis zum vorletzten Schritt beibehalten und erst aufgelöst, wenn der Mann das Schließen der Füße einleitet.

Rhythmus-Empfehlungen

– Alle Schritte lang

– Lang, lang, lang, schnell, schnell, lang

– Lang, lang, schnell, schnell, lang, lang

– Schnell, schnell, lang, schnell, schnell, lang

– Alle Schritte schnell

1

2

3

Baldosa, Karree-Schritte 1–6

Schritte	Er	Sie
1	R-Fuß rück	L-Fuß vor
2	L-Fuß seit, etwas größer, als die Frau, Oberkörper dreht leicht nach R	R-Fuß seit
3	R-Fuß vor, R-vorbei	L-Fuß rück
4	L-Fuß vor	R-Fuß rück
5	R-Fuß seit, Oberkörper dreht wieder zurück	L-Fuß seit
6	L-Fuß schließen	R-Fuß schließen

Wie bei der ursprünglichen Figur, der *Salida/Base*, bevorzugen viele Tänzer aus Rücksicht auf die anderen Paare auf der Tanzfläche den *Salonstart* und beginnen gleich mit Schritt 2, dem Seitwärtsschritt.
Der Mann versucht seine Partnerin allein durch die stabile Umarmung *(abrazo)* und die deutliche Gewichtsverlagerung von einem Schritt zum anderen in die neue Bewegungsrichtung zu führen. Die Frau verhält sich dabei eher abwartend und überlässt die zeitliche Einteilung der Bewegung dem Mann.

4

5

6

Baldosa Karree-Schritte 1–12

Figurenelemente: Baldosa 1–6 (Schritt 6 außenseitlich), Baldosa 1–6
Ausgangsposition: In Grundstellung und geschlossener Umarmung
(S. 24)
Hinweis: Die *Baldosa* (= Kachel), die Karree-Schritte 1–12, sind eine
beliebte Variation der Baldosa, Karree-Schritte 1–6. Sie haben sich zu
einer populären Basis-Figur entwickelt und werden deshalb hier eigen-
ständig beschrieben.
Zwischen den Schritten 1 und 2 soll der jeweils unbelastete Fuß ohne
Gewicht zum »Sammeln« an das Standbein heranschließen (ohne Abb.).
Bei Schritt 2 dreht der Mann seinen Oberkörper leicht nach rechts und
führt dadurch seine Partnerin in den folgenden außenseitlichen Schritt.
Diese Oberkörperhaltung wird bis zum vorletzten Schritt beibehalten und erst aufgelöst, wenn der Mann das
Schließen der Füße einleitet.
Viele Tänzer bevorzugen aus Rücksicht auf die anderen Paare auf der Tanzfläche den *Salonstart* und beginnen
gleich mit Schritt 2, dem Seitwärtsschritt.

Rhythmus-Empfehlungen

– Alle Schritte lang
– Lang, lang, lang, schnell, schnell, lang, schnell, schnell, lang, schnell, schnell, lang
– Lang, lang, schnell, schnell, lang, schnell, schnell, lang, schnell, schnell, lang, lang
– Schnell, schnell, lang, schnell, schnell, lang, schnell, schnell, lang, schnell, schnell, lang
– Alle Schritte schnell

Baldosa, Karree-Schritte 1–12

Schritte	Er	Sie
1	R-Fuß rück	L-Fuß vor
2	L-Fuß seit, etwas größer als die Frau, Oberkörper dreht leicht nach R	R-Fuß seit
3	R-Fuß vor, R-vorbei	L-Fuß rück
4	L-Fuß vor	R-Fuß rück
5	R-Fuß seit	L-Fuß seit
6	L-Fuß rück	R-Fuß vor, R- vorbei
7	R-Fuß rück	L-Fuß vor
8	L-Fuß seit, etwas größer, als die Frau, Oberkörper dreht leicht nach R	R-Fuß seit
9	R-Fuß vor, R-vorbei	L-Fuß rück
10	L-Fuß vor	R-Fuß rück
11	R-Fuß seit, Oberkörper dreht wieder zurück	L-Fuß seit
12	L-Fuß schließen	R-Fuß schließen

1

2

3

4

5

6

7

8

9

10

11

12

Baldosa Karree als Linksdrehung

Figurenelemente: Baldosa 1–12

Ausgangsposition: In Grundstellung und geschlossener Umarmung (S. 24)

Hinweise: Die *Baldosa* (= Kachel), das Karree als Linksdrehung, ist eine Variation der Baldosa, Karree-Schritte 1–12. Sie haben sich zu einer populären Basis-Figur entwickelt und werden deshalb hier eigenständig beschrieben.

Bei Schritt zwei dreht der Herr seinen Oberkörper leicht nach rechts und führt dadurch seine Partnerin in den außenseitlichen Schritt. Während der Schritte 4–10 dreht das Paar kontinuierlich eine ganze Drehung nach links. Die Oberkörperhaltung wird bis zum vorletzten Schritt beibehalten und erst aufgelöst, wenn der Mann das Schließen der Füße einleitet.

Rhythmus-Empfehlungen

– Alle Schritte lang

– Lang, lang, lang, schnell, schnell, lang, schnell, schnell, lang, schnell, schnell, lang

– Lang, lang, schnell, schnell, lang, schnell, schnell, lang, schnell, schnell, lang, lang

– Schnell, schnell, lang, schnell, schnell, lang, schnell, schnell, lang, schnell, schnell, lang

– Alle Schritte schnell

Baldosa, Karree als Linksdrehung

Schritte	Er	Sie
1–2	Baldosa 1–12, Schritte 1–2, Oberkörper dreht leicht nach R	
3	R-Fuß vor, R-vorbei	L-Fuß rück
4	L-Fuß vor	R-Fuß rück
5–12	Baldosa 1–12, Schritte 5–12	

3

4 Drehung

Viele Tänzer bevorzugen aus Rücksicht auf die anderen Paare auf der Tanzfläche den *Salonstart* und beginnen gleich mit Schritt 2, dem Seitwärtsschritt.

Der Mann versucht seine Partnerin allein durch die stabile Umarmung *(abrazo)* und die deutliche Gewichtsverlagerung von einem Schritt zum anderen in die neue Bewegungsrichtung zu führen. Die Frau verhält sich dabei eher abwartend und überlässt die zeitliche Einteilung der Bewegung dem Mann.

Cunita Wiege-Linksdrehung

Figurenelemente: Salida/Base 1–5, Cunita 6–8, Salida/Base 2–8

Ausgangsposition: In Grundstellung und geschlossener Umarmung (S. 24)

Hinweis: Die *Cunita* (= Wiege), Wiege-Linksdrehung, wird auch *Calesita* (= Karussell) oder *Gardelito* (= kleiner Gardel, nach dem weltberühmten Tangosänger Carlos Gardel) genannt.

Die *Cunita* ist eine Achsendrehung, bei der die Vorwärts-rückwärts-Schrittposition unverändert bleibt und auf dem Ballen des jeweiligen belasteten Fußes stark gedreht wird. Der Drehimpuls geht vom Oberkörper aus. Die Wiege-Drehaktion kann beliebig verlängert (6+7+8+6+7+8+…) oder auf zwei Aktionen (6+) verkürzt werden. Unabhängig von der Anzahl der Wiegeaktionen und der Stärke der Drehung sollte die Figur wieder in Tanzrichtung enden. Bei Schritt 9, dem Seitschritt, dreht der Mann seinen Oberkörper leicht nach rechts, stoppt dadurch seine Partnerin und führt sie in den folgenden außenseitlichen Schritt.

Man kann die *Cunita* auch rückwärts (Er R-Fuß rück, Sie L-Fuß vor) beginnen. Dann tanzt man vorweg z.B. die *Salida/Base* 1–8 oder jede Figur, die auf L-Fuß endet und harmonisch in die Linksdrehung überleitet.

Rhythmus-Empfehlungen

– Alle Schritte lang

– Lang, lang
  schnell, schnell, lang,
  schnell, schnell, schnell,
  schnell, schnell, schnell,
  lang,
  schnell, schnell, lang,
  schnell, schnell, lang

– Alle Schritte schnell

6   6+   7

Cunita, Wiege-Linksdrehung

Schritte	Er	Sie	
1–5	Salida/Base, Schritte 1–5		
6	L-Fuß vor	R-Fuß rück	] **Wiege**
+	R-Fuß rück	L-Fuß vor	
7	L-Fuß vor	R-Fuß rück	] **Wiege**
+	R-Fuß rück	L-Fuß vor	
8	L-Fuß vor	R-Fuß rück	] **Wiege**
+	R-Fuß rück	L-Fuß vor	
9	L-Fuß seit, etwas größer als die Frau, Oberkörper dreht leicht nach R	R-Fuß seit	
10	R-Fuß vor, R-vorbei	L-Fuß rück	
11–15	Salida/Base, Schritte 4–8		

7+　　　　　9　　　　　10

Cunita Wiege-Rechtsdrehung

Rhythmus-Empfehlungen

– Alle Schritte lang
– Lang, lang,
  schnell + schnell +
  schnell +
  lang, schnell, schnell, lang
– Alle Schritte schnell

Figurenelemente: Salida/Base 1–2, Cunita 3–5, Salida/Base 5–8

Ausgangsposition: In Grundstellung und geschlossener Umarmung (S. 24)

Hinweis: Die *Cunita* (= Wiege), Wiege-Rechtsdrehung, wird auch *calesita* (= Karussell) oder *Gardelito* (= kleiner Gardel, nach dem weltberühmten Tangosänger Carlos Gardel) genannt.

Die *Cunita*, Wiege-Rechtsdrehung, ist eine Achsendrehung, bei der die Vorwärts-Schrittposition unverändert bleibt und auf dem Ballen des jeweiligen belasteten Fußes stark gedreht wird. Der Drehimpuls geht vom Oberkörper aus. Die Wiege-Drehaktion kann beliebig verlängert (3+4+5+3+4+5+…) oder auf zwei Aktionen (3+) verkürzt werden. Unabhängig von der Anzahl der Wiegeaktionen und der Stärke der Drehung sollte die Figur wieder in Tanzrichtung enden.

Man kann die *Cunita*, Wiege-Rechtsdrehung, auch rückwärts (Er L-Fuß rück, Sie R-Fuß vor) beginnen. Dann tanzt man vorweg z.B. die *Salida/Base* 1–7 oder jede Figur, die auf R-Fuß endet und harmonisch in die Rechtsdrehung überleitet.

2

3

3+

Cunita, Wiege-Rechtsdrehung

Schritte	Er	Sie	
1	R-Fuß rück	L-Fuß vor	
2	L-Fuß seit, Oberkörper dreht leicht nach R	R-Fuß seit	
3	R-Fuß vor, weiter nach R drehen	L-Fuß rück	⌐ **Wiege**
+	L-Fuß rück	R-Fuß vor	⌐ **Wiege**
4	R-Fuß vor	L-Fuß rück	⌐ **Wiege**
+	L-Fuß rück	R-Fuß vor	⌐ **Wiege**
5	R-Fuß vor	L-Fuß rück	⌐ **Wiege**
+	L-Fuß rück	R-Fuß vor	⌐ **Wiege**
6	Oberkörper dreht leicht nach L, R-Fuß schließen	L-Fuß vorkreuzen	
7–9	Schritte der Salida/Base 6–8		

4

4+

5

Ochos Achter-Kehren vorwärts

Figurenelemente: Salida/Base 1–5 (Er 1–4, Sie 1–5), Ochos (Sie vorwärts, Er ohne) 6–7, Salida/Base 6–8

Ausgangsposition: In Grundstellung und geschlossener Umarmung (S. 24)

Hinweis: Die *Ochos* (*ocho* = acht), Achter-Kehren vorwärts bzw. rückwärts, werden aus der Sicht des Mannes beschrieben, der die Frau vorwärts bzw. rückwärts in die *Ochos* führt.

Ochos sind sehr ursprüngliche Tangofiguren, bei der die Frau ihre Körperbeherrschung und Eleganz und der Mann seine Führungsstärke und sein Einfühlungsvermögen unter Beweis stellen kann. Für die Frau ist ihr aufrechtes Stehen in der eigenen Drehachse mit immer leicht flexiblen Knien für das Gelingen der Drehungen entscheidend. Am Anfang ist es hilfreich, die Schritte langsam und präzise zu üben. Für den Mann ist es wichtig, zu lernen, dass er seine Partnerin nur bei ganzen Zahlen in einen Schritt führen kann, und dass er nur bei + den Körper drehen darf, damit er sie nicht aus dem Gleichgewicht bringt. Langsame Aktionen lassen sich dabei genauer beobachten.

Bei den *Ochos* soll die Tanzhaltung von der Drehbewegung der Kehren möglichst unberührt bleiben. Dazu muss die Frau in der Taille so weit drehen, dass ihre Füße in die jeweilige Bewegungsrichtung zeigen, obwohl ihr Oberkörper weiterhin zum Partner parallel bleibt.

Rhythmus-Empfehlungen

– Alle Schritte lang

– Lang, lang
  schnell, schnell, lang +
  lang + lang +
  schnell, schnell, lang

– Lang, lang
  schnell, schnell, lang +
  schnell + schnell +
  schnell, schnell, lang

– Alle Schritte schnell

3   5   5+

Ochos, Achter-Kehren vorwärts

Schritte	Er	Sie	
1	R-Fuß rück	L-Fuß vor	
2	L-Fuß seit, etwas größer, als die Frau, Oberkörper dreht leicht nach R	R-Fuß seit	
3	R-Fuß vor, R-vorbei	L-Fuß rück	
4	L-Fuß vor, Partnerin in offene Umarmung führen	R-Fuß rück	
5	Oberkörper dreht nach L,	L-Fuß vorkreuzen,	
+	Fußposition halten	etwas nach L drehen	
6	Partnerin zur R-Körperseite führen, R-Fuß schräg rück wieder belasten	R-Fuß vor, vor dem Mann vorbei, L-Fuß ohne Gewicht schließen	**Kehre**
+	Oberkörper dreht nach R, Fußposition halten	1/2 R-Drehung auf R-Fuß	
7	Partnerin zur L-Körperseite führen, L-Fuß schräg vor wieder belasten, weiter nach L drehen	L-Fuß vor, vor dem Mann vorbei, R-Fuß ohne Gewicht schließen	**Kehre**
+	Partnerin in geschlossene Umarmung führen, R-Fuß schließen	5/8 L-Drehung auf L-Fuß	
8–10	Salida/Base, Schritte 6–8		

6

7

7+

Ochos Achter-Kehren rückwärts

Figurenelemente: Salida/Base 1–2 (mit Fußwechsel des Mannes), Ochos (Sie rückwärts, Er ohne) 3–5, Salida/Base 3–8

Ausgangsposition: In Grundstellung und geschlossener Umarmung (S. 24)

Hinweis: Die *Ochos (ocho* = acht), Achter-Kehren vorwärts bzw. rückwärts, werden aus der Sicht des Mannes beschrieben, der die Frau vorwärts bzw. rückwärts in die Achter-Kehren führt.

Ochos sind traditionelle Tangofiguren, bei der die Frau ihre Körperbeherrschung und Eleganz und der Mann seine Führungsstärke und sein Einfühlungsvermögen unter Beweis stellen kann. Für die Frau ist ihr aufrechtes Stehen in der eigenen Drehachse mit immer leicht flexiblen Knien für das Gelingen der Drehungen entscheidend. Am Anfang ist es hilfreich, die Schritte langsam und präzise zu üben. Für den Mann ist es wichtig, zu lernen, dass er seine Partnerin nur bei ganzen Zahlen in einen Schritt führen kann, und dass er nur bei + den Körper drehen darf, damit er sie nicht aus dem Gleichgewicht bringt. Langsame Aktionen lassen sich dabei genauer beobachten. Bei den *Ochos* soll die Tanzhaltung von der Drehbewegung der Achter-Kehren möglichst unberührt bleiben. Dazu muss die Frau in der Taille so weit drehen, dass ihre Füße in die jeweilige Bewegungsrichtung zeigen, obwohl ihr Oberkörper weiterhin zum Partner parallel bleibt.

Rhythmus-Empfehlungen

– Alle Schritte lang

– Lang, lang +
 lang +
 lang +
 schnell, schnell, lang,
 schnell, schnell, lang

– Lang, lang +
 schnell +
 schnell +
 schnell, schnell, lang,
 schnell, schnell, lang

– Alle Schritte schnell

2

2+

3

Ochos, Achter-Kehren rückwärts

Schritte	Er	Sie	
1	R-Fuß rück	L-Fuß vor	
2	L-Fuß seit	R-Fuß seit	
+	Oberkörper dreht nach L, Partnerin in offene Umarmung führen, R-Fuß schließen	L-Fuß ohne Gewicht schließen, $^1/_4$ Drehung nach L auf R-Fuß	
3	Partnerin zur L-Körperseite führen, L-Fuß seit	L-Fuß rück, R-Fuß ohne Gewicht schließen	Kehre
+	Oberkörper dreht nach R, Fußposition halten	$^1/_2$ Drehung nach R auf L-Fuß	
4	Partnerin zur R-Körperseite führen, R-Fuß seit	R-Fuß rück, L-Fuß ohne Gewicht schließen	Kehre
+	Oberkörper dreht nach L, Fußposition halten	$^1/_2$ Drehung nach L auf R-Fuß	
5	Oberkörper dreht nach L, L-Fuß schließen	$^1/_4$ Drehung nach L auf R-Fuß	
6–11	Salida/Base, Schritte 3–8		

3 +   4   4 +

Ochos <small>Achter-Kehren, Sie vorwärts/Er rückwärts</small>

Figurenelemente: Salida/Base 1–5, Ochos (Sie vorwärts, Er rückwärts) 6–7, Salida/Base 6–8

Ausgangsposition: In Grundstellung und geschlossener Umarmung (S. 24)

Hinweis: Die *Ochos* (*ocho* = acht), Achter-Kehren vorwärts bzw. rückwärts, werden aus der Sicht des Mannes beschrieben, der die Frau vorwärts bzw. rückwärts in die Achterkehren führt.

Ochos sind traditionelle Tangofiguren, bei der die Frau ihre Körperbeherrschung und Eleganz und der Mann seine Führungsstärke und sein Einfühlungsvermögen unter Beweis stellen kann. Für beide Partner ist ihr balanciertes, aufrechtes Stehen in der eigenen Drehachse mit immer leicht flexiblen Knien für das Gelingen der Drehungen entscheidend. Am Anfang ist es hilfreich, die Schritte langsam und präzise zu üben. Langsame Aktionen lassen sich dabei genauer beobachten.

Bei den *Ochos* soll die Tanzhaltung von der Drehbewegung der Achter-Kehren möglichst unberührt bleiben. Dazu müssen beide in der Taille so weit drehen, dass ihre Füße in die jeweilige Bewegungsrichtung zeigen, obwohl ihr Oberkörper weiterhin zum Partner parallel bleibt.

5+

6

6+

Ochos, Achter-Kehren, Sie vorwärts/Er rückwärts

Schritte	Er	Sie
1	R-Fuß rück	L-Fuß vor
2	L-Fuß seit, etwas größer als die Frau, Oberkörper dreht leicht nach R	R-Fuß seit
3	R-Fuß vor, R-vorbei	L-Fuß rück
4	L-Fuß vor, Partnerin in offene Umarmung führen	R-Fuß rück
5	Oberkörper dreht nach L	L-Fuß vorkreuzen
+	R-Fuß schließen, Füße drehen mit	etwas nach L drehen, R-Fuß ohne Gewicht schließen
6	Partnerin R-vorbei führen, L-Fuß rück, R-Fuß ohne Gewicht schließen	R-Fuß vor, vor dem Mann vorbei, L-Fuß ohne Gewicht schließen
+	Oberkörper dreht nach R, ¹/₄ R-Drehung auf L-Fuß	¹/₄ R-Drehung auf R-Fuß
7	Partnerin L-vorbei führen, R-Fuß rück, L-Fuß ohne Gewicht schließen	L-Fuß vor, vor dem Mann vorbei, R-Fuß ohne Gewicht schließen
+	Oberkörper dreht nach L, ¹/₄ L-Drehung auf R-Fuß	¹/₄ L-Drehung auf L-Fuß
8–10	Salida/Base, Schritte 6–8	

Bei Schritt 6 und 7 steht jeweils rechts der Hinweis **Kehre**.

7   7+   8

Ochos Achter-Kehren, Sie rückwärts/Er vorwärts

Figurenelemente: Salida/Base 1–2 , Ochos (Sie rückwärts, Er vorwärts) 3–4, Salida/Base 3–8

Ausgangsposition: In Grundstellung und geschlossener Umarmung (S. 24)

Hinweis: Die *Ochos* (ocho = acht) , Achter-Kehren vorwärts bzw. rückwärts, werden aus der Sicht des Mannes beschrieben, der die Frau vorwärts bzw. rückwärts in die Achter-Kehren führt.

Ochos sind traditionelle Tangofiguren, bei der die Frau ihre Körperbeherrschung und Eleganz und der Mann seine Führungsstärke und sein Einfühlungsvermögen unter Beweis stellen kann. Für beide Partner ist ihr balanciertes, aufrechtes Stehen in der eigenen Drehachse mit immer leicht flexiblen Knien für das Gelingen der Drehungen entscheidend. Am Anfang ist es hilfreich, die Schritte langsam und präzise zu üben. Langsame Aktionen lassen sich genauer beobachten.

Bei den *Ochos* soll die Tanzhaltung von der Drehbewegung der Achter-Kehren möglichst unberührt bleiben. Dazu müssen beide in der Taille so weit drehen, dass ihre Füße in die jeweilige Bewegungsrichtung zeigen, obwohl ihr Oberkörper weiterhin zum Partner parallel bleibt.

Rhythmus-Empfehlungen

– Alle Schritte lang

– Lang, lang +
  lang +
  lang +
  schnell, schnell, lang,
  schnell, schnell, lang

– Lang, lang +
  schnell +
  schnell +
  schnell, schnell, lang,
  schnell, schnell, lang

– Alle Schritte schnell

2+

3

3+

Ochos, Achter-Kehren, Sie rückwärts/Er vorwärts

Schritte	Er	Sie	
1	R-Fuß rück	L-Fuß vor	
2	L-Fuß seit	R-Fuß seit	
+	Oberkörper dreht nach L, Partnerin in offene Umarmung führen, Fußposition halten, Füße drehen mit	L-Fuß ohne Gewicht schließen, auf R-Fuß $^1/_8$ L-Drehung	
3	R-Fuß vor, R-vorbei, L-Fuß ohne Gewicht schließen	L-Fuß rück, R-Fuß ohne Gewicht schließen	Kehre
+	Oberkörper dreht nach R, $^1/_4$ R-Drehung auf R-Fuß	$^1/_4$ R-Drehung auf L-Fuß	
4	L-Fuß vor, L-vorbei, R-Fuß ohne Gewicht schließen	R-Fuß rück, L-Fuß ohne Gewicht schließen	Kehre
+	Oberkörper dreht nach L, $^1/_4$ L-Drehung auf L-Fuß	$^1/_4$ L-Drehung auf R-Fuß	
5–10	Salida/Base, Schritte 3–8		

4

4 +

5

Media Luna halbe Linksdrehung

Figurenelemente: Salida/Base 1–3, Seitenwechsel bei 4, Ocho vorwärts mit halber Linksdrehung, Salida/Base 6–8

Ausgangsposition: In Grundstellung und geschlossener Umarmung (S. 24)

Hinweis: Die *Media Luna (la media luna creciente* = zunehmender Halbmond), halbe Linksdrehung, ist eine Figur, die sich zum Weitertanzen in Gegenrichtung eignet und auf gefüllter Tanzfläche im Salon geschickt zum Manövrieren eingesetzt werden kann. Die *Media Luna*, halbe Linksdrehung, verbindet für den Mann die Schritte 1–3 der Salida/ Base mit den Schritten 6–8. Er tanzt die Drehachse und bleibt auf Schritt 3 stabil, bis die Frau die Seite gewechselt hat, dreht dann mit ihr die halbe Linksdrehung als Achsendrehung.

Rhythmus-Empfehlungen

– Alle Schritte lang

– Lang, lang,
  schnell, schnell,
  lang +
  schnell, schnell, lang

– Lang, lang,
  schnell, schnell, schnell +
  schnell, schnell, lang

3

4

5a

Media Luna, Halbe Linksdrehung

Schritte	Er	Sie
1	R-Fuß rück	L-Fuß vor
2	L-Fuß seit, etwas größer als die Frau Oberkörper dreht leicht nach R	R-Fuß seit
3	R-Fuß vor, R-vorbei Partnerin in offene Umarmung führen	L-Fuß rück
4	Partnerin zur L-Körperseite führen, Fußposition halten	R-Fuß seit, Seitenwechsel
5	Partnerin heranführen, auf R-Fuß nach L drehen	L-Fuß vor, vor dem Mann vorbei, R-Fuß ohne Gewicht schließen
+	weiter auf R-Fuß nach L drehen, bis die halbe L-Drehung vollendet ist	$^{1}/_{2}$ L-Drehung auf L-Fuß
6	L-Fuß vor, Partnerin in geschlossene Umarmung führen	R-Fuß rück
7	R-Fuß seit	L-Fuß seit
8	L-Fuß schließen	R-Fuß schließen

Kehre (zu Schritten 5 und +)

5b

5+

6

Media Luna halbe Rechtsdrehung

Figurenelemente: Ochos rückwärts 1–4, Seitenwechsel bei 5, Ochos vorwärts 6–7, Salida/Base 6–8

Ausgangsposition: In Grundstellung und geschlossener Umarmung (S. 24)

Hinweis: Die *Media Luna (la media luna menguante* = abnehmender Halbmond), halbe Rechtsdrehung, ist eine der ältesten Tangofiguren. Sie eignet sich zum Weitertanzen in Gegenrichtung und kann auf der gefüllten Tanzfläche im Salon zum Manövrieren eingesetzt werden. Die *Media Luna*, halbe Rechtsdrehung, enthält einen *Ocho* rückwärts und zwei *Ochos* vorwärts für die Frau, während der Mann mit hintergekreuzten Füßen seine Partnerin elegant rechtsdrehend begleitet.

Rhythmus-Empfehlungen

– Alle Schritte lang

– Lang, lang +
lang +
schnell, schnell,
lang + lang +
schnell, schnell, lang

– Lang, lang +
schnell +
schnell, schnell,
schnell + schnell +
schnell, schnell, lang

Media Luna, Halbe Rechtsdrehung

Schritte	Er	Sie	
1–2	Salida/Base, Schritte 1–2		
+	Oberkörper dreht nach L, Partnerin in offene Umarmung führen, Fußposition halten	L-Fuß ohne Gewicht schließen, ¹/4 L-Drehung auf R-Fuß	
3	R-Fuß hinterkreuzen	L-Fuß rück, R-Fuß ohne Gewicht schließen	**Kehre**
+	Oberkörper dreht nach R	¹/2 R-Drehung auf L-Fuß	
4	Oberkörper dreht weiter nach R, Füße langsam entkreuzen	R-Fuß rück	
5	Oberkörper dreht weiter nach R, Füße weiter entkreuzen	L-Fuß seit, Seitenwechsel	
6	Oberkörper dreht weiter nach R	R-Fuß vor, R-vorbei, L-Fuß ohne Gewicht schließen	**Kehre**
+	Gewicht auf L-Fuß	¹/2 R-Drehung	
7	Oberkörper dreht nach L	L-Fuß vor, R-Fuß ohne Gewicht schließen	**Kehre**
+	R-Fuß schließen	¹/4 L-Drehung	
8–10	Salida/Base, Schritte 6–8		

1

2

2+

4

5

6

6+

7

7+

La Cumparsita

Wenn du wüsstest, dass tief in
meiner Seele
noch jene Liebe schlummert,
die ich für dich empfand ...
Wer weiß, wenn du wüsstest,
dass ich dich nie vergessen
habe, und wenn du dann
zurückschaust, ob du dich dann nicht
auch an mich erinnern würdest.

Unsere Freunde besuchen
mich schon längst nicht mehr,
keiner will mich trösten
in meinem Leid ...
Seit dem Tag, an dem du
fortgingst, habe ich
Schmerzen in der Brust.
Sag, Flittchen, was hast du
Aus meinem armen Herzen gemacht?

Trotzdem werde ich immer an
dich denken mit der heiligen
Zuneigung, die ich für dich
hatte.
Denn du bist überall,
Teil meines Lebens,
und jene Augen war'n mein
Glück,
überall suche ich danach,
Aber kann sie nirgends finden.

Nicht einmal mehr die
Morgensonne scheint durchs
Fenster in meine verlassene
Bude,
und unser Freund, der kleine
Hund, der nicht mehr fraß,
seitdem du weg warst,
als er mich neulich so verlassen
sah, verließ auch er mich.

Pascual Contursi und Enrique Pedro Maroni

Tangofieber in *Deutschland*

Kult & Szene

Nicht erst heute erfasst ein unaufhaltsames Tango-fieber das Marschmusikland, es gab schon sehr früh eine Verbindung zwischen dem Tango und Deutschland: Das für den Tango typische Harmonikainstrument, das Bandoneón, wurde von dem Chemnitzer Musiker und Techniker Carl Friedrich Uhlig um 1835 erfunden und durch den Krefelder Instrumentenbauer und Kaufmann Heinrich Band, durch den das Instrument seinen Namen erhielt, 1856 erstmals produziert. Durch deutsche Auswanderer, die nach Argentinien gingen, aber enttäuscht wieder in ihre Heimat zurückkehrten, wurde das Bandoneón wie andere Kulturgüter ex- und später wieder reimportiert. Um 1910 reisten dann mehr und mehr ríopla-tensische Künstler nach Deutschland, vor allem nach Berlin, um dort in Varietés und Ballhäusern ihre Musik zu präsentieren und machten den Tango populär. Die Diktatur des 3. Reiches drängte den inzwischen beliebten Tanz jedoch wieder in den Hintergrund und erst nach den zweiten Weltkrieg konnte der Tango wiederbelebt werden.

In den großen Städten wurde Stück für Stück eine kulturelle Szene reaktiviert, die den alten Tangos zu einer Renaissance verhalf und über die nächsten Jahrzehnte eine gut organisierte Tanz- und Musik-szene etablierte: Tangokonzerte, Tango auf der Bühne in Shows und Musicals, Tangonächte in den Lokalen. Es formierten sich diverse Musik-Ensembles u.a. »Quinteto Arabal« und »Libertango«. Auf den so genannten *Milongas* (Tangotanzabenden) wurden zahlreiche rhythmische Varianten des Tangos gespielt und getanzt. Man schmiegte sich wieder eng aneinander, genoss den melancholischen Zauber getanzter Leidenschaft und die grenzenlose Freiheit der Improvisation. Eine 1995 in Stuttgart gegründete Institution, die »Deutsche Akademie des Tango« (DAT), widmet sich dem Tango ríoplatense, organisiert Tanz-veranstaltungen, Konzerte, Lesungen, Vorträge, Seminare, Workshops, Radiosendungen, Ausstellungen und gibt die Tangozeitschrift »Sur« heraus.

In der Reihe der Tango-Opern, die in den letzten zwei Jahren weltweit uraufgeführt wurden, befindet

◁ Praterinsel, München

sich auch eine deutsche Produktion: »Porqué…! Porqué…! Tango Orphée«, eine Aufsehen erregende Tango-Oper, die in der »Kleinen Szene«, dem Anhang der großen Semper-Oper in Dresden, ab April 2002 monatelang vor stets ausverkauftem Haus aufgeführt wurde: Eine aus der griechischen Mythologie entlehnte Geschichte wurde mit Themen aus der Tangolyrik kombiniert und barocke Schreit-Tänze mit argentinischem Tango der 30er bis 50er Jahre bis hin zum *Tango Nuevo* des Astor Piazzolla und Eigenkompositionen. Die Kritiker sprachen durchweg von einer gelungenen Produktion. Auch in der Reihe der Tanztheater wird das Thema Tango gerne aufgegriffen. Eines der jüngsten und unkonventionellsten Projekte ist z.B. die Tango-Performance »FM Piazzolla«, die im Rahmen des »tango tango«-Festivals im Tanzhaus in Düsseldorf im Herbst 2002 gezeigt wurde.

Seit dem großen Erfolg der beiden Tangofilme »Tango Lesson« 1997 von Sally Potter und »Tango« 1998 von Carlos Saura wird sowohl in allen deutschen Großstädten, als auch in der Provinz ein regelrechtes Tangofieber beobachtet. Inzwischen sind in über 82 deutschen Städten mehr als 180 Tanzlokale ent-

standen, in denen regelmäßig *Milongas* abgehalten werden. Außerdem breitet sich der Tango-Boom immer weiter aus: Tangoschulen, Workshops mit Lehrern aus dem Ursprungsland, Tango-Festivals, Tango-Lehrerkonferenzen, Tangoklubs, Tangogottesdienste, Tangobücher und -Zeitschriften, Tangomode, Tango als Trend in der Werbung, in der Popmusik, Tangokontakte im Internet, Tangomeisterschaften …

Am 8. Juni 2002 fand z.B. in Dortmund die 1. Deutsche Meisterschaft im Tango Argentino statt. Für Tangointeressierte gibt es inzwischen Internetadressen, Fachzeitschriften, Tangobekleidung und Tangoreisen. »Tango« heißt ein Parfum, ein Müsliriegel, ein Popsong, eine Damenunterwäsche und ein Haushaltsgerät. Wenn die Werbung in den Tango einsteigt ist das ein sicheres Zeichen dafür: Tango ist in, auch in Deutschland!

▷ Max-Emanuel-Brauerei, München

Die Welt zu Gast

Internationale Tangofestivals sind Höhepunkte in der Tangoszene, bilden eine Mischung aus Lernen und Unterhaltung und locken Tänzer aus der ganzen Welt an. In der Regel werden Weltklasse-Tangolehrer engagiert, die an 4–5 Tagen für alle Leistungsniveaus unterrichten. Dazu wird eine Reihe von begleitenden Abendveranstaltungen angeboten, die als Plattform für die Präsentation der Stars dient und manchmal wird noch ein Nebenprogramm mit Ausstellungen, Konzerten und Stadtbesichtigungen für die internationalen Gäste arrangiert. Es ist keine leichte Aufgabe, ein komplexes Festival zu organi-

sieren; umso bemerkenswerter, dass sowohl das »Internationale Tangofestival Berlin«, das »Tangofestival Hamburg« und die »International Tangoweek Stuttgart« erfolgreich stattfinden.

In Berlin war das Pfingstfestival 2002 eine Premiere: Es wurden an vier Tagen Workshops mit vier hochklassigen, argentinischen Tanzpaaren (Sabrina Masso & Ezequiel Paludi, Corina de la Rrosa & Julio Balmaceda, Alejandra Mantiñan & Gustavo Russo, Geraldine Rojas & Javier Rodriguez) für Anfänger, Mittelstufe, Fortgeschrittene und Weit-Fortgeschrit-

tenen angeboten. Jeder konnte so viele Kurse buchen, wie er wollte, dazu gab es Bälle und Tanzshows an fünf Abenden. Das sechsköpfige Ensemble »Sexteto Andorinha«, das Trio »Orchesta dir. Jorge Lema« und das »Cuateto Los Cosos al Lao« spielten life in vier Tangonächten und einem Tangoball im Ballsaal des Roten Rathauses. Mit 500 Gästen aus aller Welt bei der Eröffnung auf 700 m² Tanzfläche war das Interesse für diesen Einstiegsevent beeindruckend.

Vor den eleganten »Mozartsälen« im »Logenhaus des Freimaurerordens« in Hamburg warteten lange Schlangen, um noch Restkarten für das Tangofestival zu ergattern. Einen solchen Ansturm, wie beim »V. Tango Festival Hamburg« im Sommer 2002 hatte man trotz langjähriger Erfahrung nicht erwartet. War es das weltberühmte holländische Tangoorchester »Sexteto Cayengue«, waren es die vier Weltklasse-Paare (Gustavo Naveira & Giselle Anne, Eduardo Capussi & Mariana Flores, Guillamo Merlo & Fernanda Ghi, Chicho Mariano Frumboli & Lucía Mazer), auf die sich das Hamburger Publikum und seine ausländischen Gäste freuten? Es waren Tangotänzer aus ganz Deutschland, Europa, Neuseeland, Australien, Thailand, Korea, Japan, Indien und aus Russland gekommen: Alle tanzten im Schweiße ihres Angesichtes bei mindestens 35 Grad Raumtemperatur und fühlten sich wie in Argentinien. Es wurden stilecht *empanadas*, gefüllte Teigtaschen, serviert und außer der Sehnsucht nach mehr Platz ließen sowohl die Musiker, als auch die Showtänzer und die perfekte Organisation keine Wünsche offen.

In Stuttgart findet im April 2003 das zweite Mal ein Tangofestival, die »International Tangoweek Stutt-

gart« statt. Im »Reithaus Ludwigsburg/Film & Medien-Zentrum« stehen den Tänzern eine über 500 m² große Tanzfläche und vier erfahrene argentinische Tangopaare für fünf Tage Workshops zur Verfügung (Nito & Elba García, Andrea & Martin LaBruna, Martha Antón & Manolo Salvador, Amira Cámpora & Pablo Tagli). In der »Bar Sur« finden ein Eröffnungsball, jeden Abend *Milongas* und ein Abschlussball statt, bei denen der DJ aus Buenos Aires, Ruben Darío, fachgerecht CDs auflegt. Als Nebenkurse wurden im ersten Jahr Salsa und Flamenco, im zweiten Jahr ein Workshop für Musiker angeboten.

Die von weither angereisten Gäste der Festivals verdienen ebenso viel Beachtung wie die internationalen Tangostars. Manche Besucher kommen aus Neuseeland, andere aus Südafrika, Korea oder Japan; sie reisen das ganze Jahr dem Tango hinterher, geben viel Geld für Tango aus, verbrauchen ihren Jahresurlaub für Workshops und Festivals. Sie sind eine verschworene Gemeinschaft von »Süchtigen«, die sich im Sog des Tango immer wieder trifft.

◁ Fernanda & Guillermo, Show in Hamburg 2002
▷ Tangofestival Berlin 2002

Das weltberühmte holländische Tangoorchester »Sexteto Cayengue« durfte sogar zu Piazzollas 10. Todestag in Buenos Aires spielen. Welche Ehre für ein nicht argentinisches Ensemble!

Mann und Frau

Warum sprechen Tangotänzer von »Mann und Frau« anstelle von »Herr und Dame«? Das ist nicht nur die in der Szene übliche Praxis um sich zu unterscheiden, sondern hat historische und psychologische Gründe. Mann und Frau sind gewachsene Bezeichnungen, die etwas über die soziale Schicht und die Beziehung der Tanzpartner zueinander aussagen.

Der argentinische Tango entstand im Auswanderermilieu von Buenos Aires, in Hafenkneipen und Hinterzimmern, bei Zuhältern, gewerblichen Damen und ihren multinationalen Kunden – nicht in einer eleganten Gesellschaft. Die äußerlich dominierende gesellschaftliche Position des Mannes und die erotische Macht der Frau, die sie zum heimlichen Star werden lässt, finden im Tanz ihren Ausdruck. Im Tango agieren Mann und Frau in einem kapriziösen Spiel von Herausforderung und Sinnlichkeit, einem gekonnten Schlagabtausch ihrer unterschiedlichen Energien, ihrer Siege und Niederlagen.

Auch heute schlüpfen Frauen gerne in diese hyperweibliche Rolle im Tango und Männer genießen die Rolle des (Ver-)Führers. Auch im neuzeitlichen Tango führt der Mann die Frau in die Tanzfiguren, improvisiert und bestimmt Tanztempo und musikalische Interpretation der Musik. Die Frau muss aktiv folgen, völlig selbständig und trotzdem kompromisslos anpassungsfähig sein. Ihre kreativen Spielräume

◁ Tango Forever
▷ Männertango

phantasievoll und sensibel nützend entwickelt die Frau ein selbstbewusstes Schattentanzen, voller Hingabe und würdiger Demut. Der erfahrene Tangotänzer übt seine Führungsrolle sehr sensibel aus, gibt seiner Partnerin nur wenige Impulse und versucht nicht, ihre Bewegungen in jedem Moment zu bestimmen oder zu beherrschen. Er gibt der Frau den Rahmen, in dem sie ihre Individualität entfalten kann, bereitet ihr oftmals nur den Weg für ihre freie eigenständige Interpretation und begleitet sie mit sicherer und flexibler Führung. Auf diese Weise fühlt sich die Frau nicht unterdrückt, sondern angenehm geführt und kann ihre Persönlichkeit und ihr Können in den gemeinsamen Tanz einbringen.

Eine sehr gute Schule, um die Gefühle des anderen zu erkunden ist der Rollentausch. Wenn der Mann ein-

mal als Frau tanzt, merkt er, wie Führungssignale ankommen, wie früh die Frau sie benötigt, damit sie folgen kann. Wenn die Frau als Mann tanzt, lernt sie wie anstrengend es anfangs ist, sich als Mann eine Choreografie auszudenken, sie klar zu vermitteln ohne die eigene Balance zu verlieren. Auch andere Paarungen sind beim Tango möglich. Auch in der Entstehungszeit des Tango Argentino ist es sehr häufig vorgekommen, dass zwei Männer miteinander getanzt haben, teilweise mit ständig wechselnden Rollen, wie das in den Filmen »Tango Lesson« und »Tango« in virtuoser Weise zu sehen ist. In Südamerika eher verpönt sieht man in Europa häufig auch Frauenpaare. Nicht nur der gelegentliche Männermangel bei Tanzveranstaltungen, sondern auch das Interesse für die tänzerische Rolle des Mannes führt zu dieser Übungsform.

Maestros und andere Lehrer

Treffen mit der legendären Tangotänzerin Carmencita Calderon (1935–1942 mit Partner El Chafaz) am 9. Februar 2001, an ihrem 94. Geburtstag im Tangoklub »Sin Rumbo« in Buenos Aires:

Sie tanzt mit ihrem etwa 20 Jahre jüngeren Tanzpartner eine beeindruckende, humorvolle kleine Spontanvorführung, während die Gäste des Lokales sie hochleben lassen. Ein älterer Gast verrät uns schmunzelnd hinter vorgehaltener Hand, dass sie in Wirklichkeit ihren 96. Geburtstag feiere, denn sie verheimliche schon immer zwei Jahre ihres Alters.

Über einhundert argentinische Tangopaare und Einzellehrer kommen regelmäßig nach Europa, oft nach Deutschland, und unterrichten in Berlin, Hamburg, Stuttgart, München und anderen Städten. Viele deutsche Tangotänzer geben in Workshops ihr Wissen an Tangoschüler weiter. Es ist nicht ganz leicht für den Tanzwilligen, zwischen guten und weniger guten Tangolehrern zu unterscheiden. Tango ist ein freier Improvisationstanz und stammt aus einem südamerikanischen Land. Beides widerspricht eigentlich dem Versuch, dem Tango Strukturen zu geben. Der erste Versuch eines lockeren Zusammenschlusses argentinischer Meistertänzer und Choreografen ist die 2001 gegründete Vereinigung AMBCTA, »Asociación De Maestros Bailarínes y Coreógrafos de Tango Argentino« unter dem Vorsitz von Carlo Rivarola. Bislang gibt es aber weder eine Berufsorganisation, noch eine einheitliche Ausbildung zum Tangolehrer. Maestros, wie die Argentinier ihre Tanzmeister nennen, sind Tangotänzer, die sich durch ihre tänzerisches Können einen Namen gemacht haben. Viele tanzen von Jugend an, weil in der Familie schon getanzt und

musiziert wurde. Tanzkünste werden von Generation zu Generation im Familienstil weitergegeben und kultiviert. Lernen von den Alten ist nach wie vor ein wesentlicher Teil der Tangotradition, denn im Tanz der Älteren liegt Reife, Ruhe und Gelassenheit, natürliche Autorität und eine erfrischende Portion Humor. Die Jungen sehen zu, wie die Alten tanzen, fangen an, deren Bewegungen zu kopieren, spüren nach, wie sich die Figuren anfühlen und verändern den Tango nach eigenem Empfinden. So erklärt sich auch, warum sich im Tango so viele verschiedene Musik- und Tanzstile entwickelt haben.

Auch in Deutschland gibt es keine einheitliche Ausbildung zum Tangolehrer. Autodidaktisch gebildete Tangotänzer verschiedener Herkunft und Ausbildung unterrichten Tango oder eröffnen Tangoschulen. Einige kommen aus dem Gesellschaftstanz, andere vom Bühnentanz, viele aus pädagogischen, therapeutischen oder ganz anderen Berufen.

Erste Voraussetzung für einen guten Tangolehrer und solche, die es werden wollen, ist die eigene tänzerische Erfahrung und der Unterricht bei verschiedenen hochklassigen Lehrern. Die zweite, nicht weniger wichtige Voraussetzung ist die Befähigung das Gelernte so weiterzugeben, dass es transparent und schnell erlernbar ist, was stark vom individuellen tanztheoretischen und pädagogischen Hintergrund des jeweiligen Tanzlehrers abhängt. Der bessere Tänzer ist nicht immer der bessere Lehrer. Einen fachlich soliden Hintergrund für das Unterrichten im Salontango bieten die Tanzlehrer im »Allgemeinen Deutschen Tanzlehrerverband e.V.«, die sich zusätzlich auf Tango Argentino spezialisiert haben. Ihre Ausbildung (3-jährig, Prüfung durch den ADTV)

ist die anspruchsvollste und umfassendste der Welt, sie bietet außerdem verschiedene Fachlehrer-Weiterbildungen an. Im Bühnentango dagegen bieten ausgebildete Ballettmeister und Choreografen mit Zusatzstudium für den Tango Argentino eine solide Basis für interessante Showchoreografien mit Fremdelementen wie Sprüngen und Hebefiguren.

Leider vertrauen viele Tangoschüler selbst ernannten Tangolehrern oft mehr als der eleganten Gesellschafts- oder Balletttanzschule, die Tango als einen ihrer vielen Tänze anbietet. Kurse bei Tangolehrern, die lediglich ihren tänzerischen Vorsprung vor ihren Schülern als Lehrangebot nutzen, werden für die Schüler langwieriger und teurer als der Unterricht bei einem ausgebildeten Tanzlehrer, der nicht nur tanzen, sondern auch den Tango didaktisch vermitteln kann. Hier lohnt es sich daher für den Tangoschüler, sich über seine Lehrer genauer zu erkundigen.

◁ Gerrit & Michael, Workshop in Murnau
▷ Nicole & Luis

Interview mit Nicole Nau

Nicole Nau, 1963 in Düsseldorf geboren, studierte Grafikdesign, ging 1988 mit 25 Jahren nach Buenos Aires. Bis zum Jahre 2000 arbeitete sie mit ihrem Partner Ricardo so erfolgreich, dass die argentinische Post ihnen im Jahr 2001 eine Briefmarke widmete! Als Ricardo & Nicole produzierten sie außerdem diverse Lehrkassetten und ein Tangobuch.
Seit 2001 lebt und tanzt Nicole Nau mit dem argentinischen Bühnentänzer und Choreografen Luis Pereya, der während seiner 25-jährigen Tänzerkarriere in berühmten Shows wie »Tango Argentino«, »Tango Pasión« und »Tango Forever« mitgewirkt hat. Nicole & Luis standen erstmals in der Tango-Oper »Orestes – last Tango« in Holland gemeinsam auf der Bühne. Sie unterrichten weltweit mit einer Methode, die von Beginn an das musikalische Tanzen fördert.

Interview mit Nicole im Sommer 2001 beim Tangofestival in Zürich, wo sie in Workshops Tangounterricht gibt:

Nicole, was hat dich eigentlich zum Tango gebracht?
NICOLE: »Bei mir war da eine Leere im Leben. Mein Job war nicht ideal und überhaupt... Dann lernte ich den Tango kennen, die Musik, den Tanz; ich nahm Unterricht. Mich faszinierte diese Art, mich körperlich tänzerisch auszudrücken. Durch Tango habe ich das Tanzen entdeckt, die argentinische Kultur, mein Frausein, die Intensität meiner weiblichen Gefühle.

Ich fühlte zum ersten Mal meine Wichtigkeit als Frau, gleichwertig aber andersartig.«

Warum wollen plötzlich wieder so viele Menschen Tango tanzen?
NICOLE: »Eines wollen alle, tanzen, sich bewegen, die Musik ausdrücken. Manche suchen auch die klassischen Mann/Frau-Rollen, für die es in unserer Kultur kaum Raum gibt. Doch eines ist klar: Tango ist ein Tanz, der von allen getanzt werden kann, von jungen Menschen, von älteren, von jedem. Einfach deshalb, weil er in seiner Choreografie so frei ist und jeder das tanzen kann, was ihm liegt.«

Wie stehst du zum Streit der Tänzer um den Tanzstil?
NICOLE: »Letztendlich ist Tango ein populärer Tanz, ein Tanz des Volkes. Deshalb kann es eigentlich niemanden geben, der autoritär über den Tango bestimmt. Im Laufe der Geschichte hat der Tango sich verändert und es wird von vielen Tangoformen gesprochen. Heute wird er einerseits auf der Bühne getanzt, artistisch – sozusagen als Kunstform, andererseits als *baile social*, als geselliger Tanz auf der Tanzfläche. Hier geht es um das Gemeinsame, den sozialen Kontakt. In beiden Fällen sollte die Musik uns erzählen, was unsere Körper tanzen. Niemals darf die Musik nur Hintergrund sein, immer sollte der Tänzer versuchen, sie zu lesen, den Rhythmus, die Stimmung, jede Note. In keinem Fall kann man den geselligen Tanz mit dem Bühnentanz vergleichen, so wie man auch ein Paar mit dem anderen nicht vergleichen sollte.«

◁ Argentinische Briefmarke

Deutschland

Milongas und Práctica

Deutschland: Dresden, Jena, Chemnitz, Berlin, Hamburg, Lübeck, Kiel, Oldenburg, Bremen, Hameln, Minden, Hannover, Hameln, Marburg, Kassel, Fulda, Göttingen, Braunschweig, Düsseldorf, Dortmund, Essen, Krefeld, Willich, Münster, Osnabrück, Köln, Aachen, Frankfurt, Wiesbaden, Saarbrücken, Kaiserslautern, Mannheim, Heidelberg, Stuttgart, Freiburg, München, Landshut, Augsburg, Friedrichshafen, Neu-Ulm, Nürnberg, Erlangen, Regensburg, Erfurt

Österreich: Wien, Salzburg

Schweiz: Biel, Chur, Basel, Baden, Bern, Chur, Edikon, Kallnach, Lausanne, Locarno, Lugano, Luzern, St. Gallen, Winterthur, Zürich

Festivals und Meisterschaften

Internationales Tanzfestival Berlin (www.tangofestivalberlin.de); libertango, Sommerferienfestival Oldenburg (www.catalinaytomas.com); Tangofestival Hamburg (www.universotango.de); Frankfurter Tangotage (www.tango-frankfurt.de); internationale Tangoweek Stuttgart (www.tangoweek-stuttgart.com); TangoTageLeipzig (www.l-tango.de); Deutsche Meisterschaft Tango Argentino in Dortmund (www.dm-tango.de)

Schweiz: Züricher Tangowoche (www.tangowoche.ch); Internationales Tangofestival Lausanne (www.tango-folie.ch)

Tangomode und Schuhe

Rosso, Berlin (Rosa@TangoMode.de); Maison de la Dance, Berlin (www.MaisondelaDansc.dc); Paul, Wiesbaden (www.paul.de); Tango-Schuhe aus Buenos Aires, Basel (www.amor-de-tango.com)

Tangoreisen

La Milonga, Bremen (www.lamilonga.de); Tangodanza Reisen (contact@tangodanza.de); Tangotours, Tanzen und reisen, Frankfurt (www.tangotours.de); Adelante Reisen, Moskauerstr. 24, 10997 Berlin

Tango-Infos

Tango Danza, Zeitschrift für Tango Argentino (contact@tangodanza.de)

Deutschland: http://www.cybertango.de

Österreich: http://www.members.ping.at/kdf-wien/tango/

Schweiz: http://www.tango.ch; http://www.swisstango.ch

Führen und Folgen

> *»Führen steht ebenso im Widerspruch zu Dominanz, wie Folgen im Widerspruch zu Unterwerfung steht.«*
>
> Ralf Satori, München

Führen und Folgen sind im Tango Argentino keine Beliebigkeiten, sondern essenzielle Teile des Tanzes, sie bestimmen die Improvisation und gestalten den Tanz. Führen und Folgen ist nonverbale Kommunikation, fordert von beiden Partnern vollständige Konzentration und Präsenz und lässt während des Tanzens kaum ein anderes Gespräch zu.

Bevor der Mann führen und die Frau folgen kann, müssen zuerst beide getrennt voneinander ihre eigene Balance finden und ihre Körperachsen jeweils über dem Ballen des Standfußes platzieren. Dann wird der Kontakt durch die Tanzhaltung, die Umarmung, hergestellt, ohne den anderen in seiner Balance zu beeinträchtigen. In der Bewegung achtet die Frau auf die Impulse des Mannes und hält den Kontakt zu ihm. Sie verhält sich eher abwartend, agiert aus dem

Moment heraus und betrachtet jede Schrittaktion als »abgeschlossenen Roman«. Sie soll keiner Bewegung vorgreifen, auch wenn sie ahnt, was als nächstes kommt, sondern warten, bis sie die entsprechenden Führungssignale erhält. Sie muss jederzeit mit allem rechnen, schnellen Aktionen, langsamen Schritten, Stopps, Richtungsänderungen oder Posen.

Der Mann muss wissen, was er will, erst dann kann er vorausdenkend, entschlossen und einfühlsam führen, ohne seine Partnerin zu dominieren. Er agiert nach dem Prinzip: Erst die Frau, dann der Mann, um einen Gleichklang der Bewegungen zu erzielen. Das heißt der Mann vermittelt zuerst der Frau, was er plant, dann folgt er ihr in der Bewegung. Deshalb entsteht im Tango nicht das Bild, die Frau tanzt dem Mann nur hinterher, sondern umgekehrt, der Mann dient ihr. Seine Führung vermittelt er mit kleinen, unsichtbaren Körperimpulsen, die in Harmonie zu seiner Geh-Dynamik und den Oberkörperdrehungen stehen und deshalb von der Frau intuitiv verstanden werden. Oft wird Führen mit Armbewegungen verwechselt, die unabhängig von der Körperbewegung ausgeführt werden! Die Arme des Mannes sind aber durch die Umarmung fest mit dem Körper der Partnerin verbunden und übertragen auf die Frau jede Bewegung, die der Mann tanzt.

Manchmal ist es lehrreich, die Rollen zu tauschen, um Verständnis für die Perspektive des anderen zu bekommen. Aus diesem sich Einfühlen entsteht die ersehnte Harmonie.

Tanzfiguren
Aufbau-Figuren

Einführung

Bekanntlich gibt es im *Tango de Salon* keine festen Schrittfolgen, keine Vorschriften in der Einteilung des Tanztempos und jeder Tänzer bestimmt für sich und seine Partnerin die Tanzchoreografie selbst. Zu den anspruchsvolleren Bausteinen, die man dazu verwenden kann, zählen die Aufbau-Figuren. Das sind komplexe Schrittkombinationen, die inzwischen zum Standardrepertoire fortgeschrittener Tangotänzer gehören. Sämtliche Aufbau-Figuren können mit den

Basis-Elementen (S. 25 ff.) und Basis-Figuren (S. 65 ff.) beliebig kombiniert werden.

Auf den folgenden Seiten werden 15 Aufbau-Figuren beschrieben: *Sanguichito*, das Sandwich, bei dem der Mann den Damenfuß einklemmt, *Ochos cruzados*, die Kehren mit gleichen Füßen, *Escapada*, der fortlaufende Seitenwechsel mit Linksdrehung, vier Variationen der *Molinete*, der Mühle, einer der wichtigsten Kernfiguren, je zwei Variationen der *Ganchos*, der Beinhaken, und der *Voleos*, der Lufthaken, eine *Sacada*, Hebelbewegung, der *Espejo*, Promenadeschritt, *Círculo*, der Zirkel und einige attraktive Endposen für den Salon und die Bühne. In allen Figuren werden genaue Schrittbeschreibungen, Rhythmus-Empfehlungen und ausführliche Erläuterungen gegeben. Grundtechniken wie das Stehen, Gehen, Wiegen, Drehen, Stoppen werden aus dem Kapitel Basis-Elemente vorausgesetzt.

▷ **Figurenelemente:** In der Beschreibung der Aufbau-Figuren wird zuerst ein Überblick über die in der Figur enthaltenen Elemente gegeben.
Beispiel *Gancho*: Baldosa als Linksdrehung 1–8, Ganchos bei 9+10+, Salida/Base 3–8.
Die Zahlen beziehen sich auf die jeweilige Originalfigur und geben die Schritte an (z.B. 1–8), die aus der Originalfigur verwendet werden.
▷ **Ausgangsposition:** Hier wird auf die im Kapitel Basis-Elemente ausführlich beschriebene Grundstellung (Fußstellung, Körperhaltung …) und die verschiedenen Tanzhaltungen Bezug genommen.

▷ **Schrittbeschreibungen:** Diese werden für Mann und Frau (Er, Sie) mit Zahlenangaben (Schritte 1, 2, 3, 4 …) gegeben. Die Führungshinweise sind weitgehend in die Schrittbeschreibungen integriert oder im Hinweis am Ende der Figur beschrieben. Als Abkürzungen werden lediglich R = rechts und L = links verwendet. Die in den Beschreibungen erwähnten Fachbegriffe werden ab der Seite 156 erklärt. Leider konnten nicht alle Schritte durch Fotos illustriert werden. Die farbig gedruckten Zahlen verweisen auf diejenigen Schritte, die in den Abbildungen zu finden sind.

▷ **Rhythmus-Empfehlungen:** Hier werden meist mehrere Alternativen angeboten. Die erste (alle Schritte lang = langsam) wird beim Neulernen der Figur empfohlen; die zweite ist eine klassische Interpretation, die häufig verwendet wird; die letzte ist die schnellste Variante, die an schnellen Passagen der Musik einsetzen kann. Darüber hinaus ist jede musikgebundene rhythmische Interpretation möglich.

▷ **Hinweis:** An dieser Stelle werden der spanische Name und die Besonderheiten der Figur erklärt.

Für jede Aufbau-Figur wurden ein einfacher Eingang und ein leichter Ausgang gewählt und als Figurenkomplex angeboten. Das erleichtert am Anfang das Kombinieren der Figuren, weil man jeden Figurenkomplex mit dem gleichen Fuß beginnen und dadurch sehr leicht kombinieren kann. Fortgeschrittene Tangotänzer finden später heraus, was man sonst noch vor der beschriebenen Kernfigur tanzen und wie man die Kernfigur noch auflösen kann. Hier gibt es unzählige Möglichkeiten, deren Beschreibung den Rahmen eines Buches sprengen würde.

Im Tango Argentino gilt, wie in anderen Gesellschaftstänzen, die Tanzrichtung gegen den Uhrzeigersinn. Auch wenn der Bewegungsfluss in diesem Tanz nicht so groß ist, auch wenn es im Tango viele

Figuren gibt, die auf der Stelle oder in andere Richtungen getanzt werden, sollten die Tanzpaare immer wieder zu der vereinbarten Tanzrichtung zurückkehren, um andere Tanzpaare auf der Tanzfläche nicht zu stören. In Tangokreisen achtet man sehr darauf, dass kein anderes Paar angestoßen oder behindert wird. Die gleiche Sensibilität, die der Mann für seine Partnerin entwickeln muss, hilft ihm sich auf der Tanzfläche geschickt und höflich zu verhalten. Beim Üben der Aufbau-Figuren sollte immer Musik dabei sein, zunächst als inspirierender Hintergrund, dann als musikalische Leitlinie für ein musikorientiertes Tanzen.

Sanguichito Sandwich

Figurenelemente: Ochos rückwärts 1–4, Sandwich 5–6, Ochos vorwärts 6–7, Salida/Base 6–8
Ausgangsposition: In Grundstellung und geschlossener Umarmung (S. 24)
Hinweis: Das *Sanguichito* (= Sandwich, auch *mordida* = Schmiergeld genannt); das *Sanguichito* ist eine sehr dekorative Figur und verbindet *Ochos* rückwärts mit *Ochos* vorwärts.

Aus dem *Ocho* rückwärts wird bei Schritt 4 der L-Fuß der Frau vom R-Fuß des Partners gestoppt *(Parada)* und danach von beiden Füßen des Mannes liebevoll festgehalten, daher die Bezeichnung Sandwich. Danach entlässt der Mann seine Partnerin wieder aus dieser kurzen Zwangslage, tanzt einen kleinen Stopp-Schritt rückwärts und sie steigt graziös über seinen L-Fuß zu den abschließenden beiden *Ochos* vorwärts. Je nach Musik können die einzelnen Teile auch langsamer getanzt oder dynamisch beschleunigt werden.

Rhythmus-Empfehlungen

– Alle Schritte lang

– Lang, lang + lang + lang, lang, lang + lang + lang + schnell, schnell, lang

 4
 5
 6
 6+

Sanguichito, Sandwich

Schritte	Er	Sie
1–3+	Schritte der Ocho rückwärts	
4	R-Fuß vor, stoppt die Frau am L-Fuß Außenrist	R-Fuß rück, L-Fuß Position halten
5	L-Fuß schließen, L-Fuß der Frau wird eingesperrt	Position halten
6	R-Fuß rück, Partnerin mitnehmen	Gewicht vor auf L-Fuß
+	Position halten	R-Fuß steigt über L-Fuß des Partners
7	Partnerin zur R-Körperseite führen,	R-Fuß vor, vor dem Mann vorbei, L-Fuß ohne Gewicht schließen
+	Oberkörper dreht nach R, Gewicht auf L-Fuß seit	$^1/_2$ R-Drehung auf R-Fuß — Kehre
8	Partnerin zur L-Körperseite führen, Gewicht auf R-Fuß seit	L-Fuß vor, vor dem Mann vorbei, R-Fuß ohne Gewicht schließen
+	Oberkörper dreht nach L Partnerin in geschlossene Umarmung führen, L-Fuß ohne Gewicht schließen	$^3/_8$ L-Drehung auf L-Fuß — Kehre
9–11	Salida/Base, Schritte 6–8	

7   7+   8   8+

Ochos Cruzados

Achter-Kehren mit gleichen Füßen

Figurenelemente: Salida/Base 1–2 , Ocho Cruzado (Sie rückwärts, Er ohne, beide mit L-Füßen) 3–5, Salida/Base 4–8 (erst cruzado, dann Fußwechsel).

Ausgangsposition: In Grundstellung und geschlossener Umarmung (S. 24)

Ochos Cruzados, Achter-Kehren mit gleichen Füßen

Schritte	Er	Sie	
1	R-Fuß rück, L-Fuß ohne Gewicht heranziehen	L-Fuß vor, R-Fuß ohne Gewicht heranziehen	
2	L-Fuß seit	R-Fuß seit	
+	Oberkörper dreht nach L, Partnerin in leicht offene Umarmung führen, R-Fuß schließen	L-Fuß ohne Gewicht schließen, auf R-Fuß $1/8$ Drehung nach L	
3	L-Fuß diagonal vor, R-vorbei	L-Fuß rück, R-Fuß ohne Gewicht schließen	**Kehre**
+	Oberkörper dreht nach R, Fußposition halten	$1/4$ R-Drehung auf L-Fuß	
4	Partnerin zur R-Körperseite führen, R-Fuß seit,	R-Fuß rück, L-Fuß ohne Gewicht schließen	**Kehre**
+	Oberkörper dreht nach L, Fußposition halten	$1/4$ L-Drehung auf R-Fuß	
5	L-Fuß diagonal vor, R-vorbei	L-Fuß rück, R-Fuß ohne Gewicht schließen	**Kehre**
+	Oberkörper dreht nach R, Fußposition halten	$1/8$ R-Drehung auf L-Fuß	
6	R-Fuß vor	R-Fuß rück	
7	Fußposition halten, Partnerin zum Kreuzen bringen (Fußwechsel)	L-Fuß vorkreuzen	
8–10	Salida/Base, Schritte 6–8		

Hinweis: Die *Ochos Cruzados* (*ocho* = Acht, *cruzado* = gekreuzt), Achter-Kehren, mit gleichen Füßen, sind eine Abwandlung der Basis-Figur *Ochos rückwärts*.

Der Wechsel von der normalen Fußposition, den gegensätzlichen Füßen (z.B. Er R-Fuß – Sie L-Fuß), auf die gleichen Füße, *cruzado* (z.B. Er L-Fuß – Sie L-Fuß), stellt im Tango sowohl einen rhythmischen, als auch einen tänzerischen Reiz dar.

In der Figur *Ochos Cruzados* nutzt der Mann den normalen Eingang in die *Ochos rückwärts* der Frau für den ersten Fußwechsel. Am Ende der *Ochos* macht er beim Kreuzen der Partnerin eine Schrittpause und wechselt auf diese Weise wieder zurück zu der normalen Fußposition.

 1
 2 2+
 3

Ende von 1

 4
 5
 6
 7

Ende

Escapada Eskapade

Figurenelemente: Salida/Base 1–3, 2x Seitenwechsel bei 4, Salida/Base 1–2, 1 = L-vorbei, Salida/Base 3–8

Ausgangsposition: In Grundstellung und geschlossener Umarmung (S. 24)

Hinweis: Die *Escapada* (= Abstecher, Seitensprung), Eskapade, der (fortlaufende) Seitenwechsel mit Linksdrehung. Die Schritte 1–6 eignen sich zum Weitertanzen in Gegenrichtung und können auf der gefüllten Tanzfläche im Salon geschickt zum Manövrieren eingesetzt werden. Die Figur kann auch durch mehrfache Wiederholung der Schritte 3–6 fortlaufend im Karree nach links gedreht werden. Letzteres ist eine vergnügliche Version, die dem Paar die Möglichkeit gibt, sich auch bei wenig Raum an der Stelle zu drehen und rundherum nach Möglichkeiten für ein Weitertanzen zu suchen.

Fortgeschrittenere Tänzer drehen bei Schritt 6 noch eine zusätzliche 1/4 Linksdrehung.

Rhythmus-Empfehlungen

– Alle Schritte lang

– Lang, lang,
  schnell, schnell, lang + lang,
  schnell, schnell, lang + lang,
  schnell, schnell, lang,
  schnell, schnell, lang

– Alle Schritte schnell

1

2

3

Escapada, Eskapade

Schritte	Er	Sie
1	R-Fuß rück	L-Fuß vor
2	L-Fuß seit, etwas größer als die Frau, Oberkörper dreht leicht nach R	R-Fuß seit
3	R-Fuß vor, R-vorbei Partnerin in offene Umarmung führen	L-Fuß rück
4	Partnerin zur L-Körperseite führen, L-Fuß schließen	R-Fuß seit, Seitenwechsel
5	Partnerin an der L-Seite vorbeiführen, R-Fuß rück	L-Fuß vor, L-vorbei
+	¼ L-Drehung auf R-Fuß	¼ L-Drehung auf L-Fuß
6	L-Fuß seit, Partnerin in geschlossene Umarmung führen	R-Fuß seit
7–10	Wiederholung der Schritte 3–6	
11–16	Salida/Base, Schritte 3–8	

Kehre *(bezieht sich auf Schritte 5 und +)*

4

5

6

Molinete Mühle nach rechts

Figurenelemente: Salida/Base 1–5, Molinete nach rechts 6–13 (= 2 ganze R-Drehungen), Ochos vorwärts 6–10 (S. 86)

Ausgangsposition: In Grundstellung und geschlossener Umarmung (S. 24)

Hinweis: Die *Molinete* (= Ventilator, Windrad), Mühle nach rechts, große oder ganze Rechtsdrehung, ist eine klassische Drehfigur. Der Kern der Figur besteht aus vier Schritten (6–9, vor–seit–rück–seit) und kann beliebig oft wiederholt werden. In der beschriebenen Grundversion tanzen beide Partner mit gleichen Füßen *(cruzado)* gleichzeitig die gleichen Schritte. In fortgeschrittenen Versionen können Mann und Frau diese Schritte auch rhythmisch versetzt zueinander ausführen.
Im Wesentlichen kommt es beim Tanzen der Kernfigur darauf an, am Ende von Schritt 6 und 7 jeweils auf dem Standfuß $^{1}/_{2}$ R-Drehung (Kehre) auszuführen und die Körper bei jedem Schritt so weit wie möglich frontal voreinander zu stellen. Dabei sollte man in der Taille so stark wie möglich drehen, damit die Füße bei jedem Schritt zum Partner parallel stehen. Der Weg der Schritte zeichnet ein Quadrat, die Bewegung beschreibt einen Kreis und die Drehachse befindet sich zwischen den Partnern. Die Fliehkraft drückt bei der *Molinete* in den Ring der offenen Umarmung, die einen stabilen Halt geben sollte. Eine noch elegantere Auflösung der Kernfigur wird in der Aufbau-Figur *Molinete mit Stopp* auf Seite 126/127 beschrieben. Die *Molinete nach rechts* kann auch mit der Gegendrehung, *Molinete nach links* (S. 124/125), verbunden werden.

Rhythmus-Empfehlungen

– Alle Schritte lang

– Lang, lang, schnell, schnell, lang +
lang + lang + schnell, schnell,
lang + lang + schnell, schnell,
lang + lang + schnell, schnell,
lang

Molinete, Mühle nach rechts

Schritte	Er	Sie	
1–4	Schritte 1–4 der Salida/Base Partnerin in offene Umarmung führen		
5	R-Fuß ohne Gewicht schließen,	L-Fuß vorkreuzen,	
+	Oberkörper dreht nach links	¹/₈ L-Drehung	
6	Oberkörper beginnt nach R zu drehen, R-Fuß vor (evtl. an L-Fuß der Frau oder R-vorbei), L-Fuß ohne Gewicht schließen	R-Fuß vor, R-vorbei, L-Fuß ohne Gewicht schließen	Kehre
+	¹/₂ R-Drehung auf R-Fuß	¹/₂ R-Drehung auf R-Fuß	
7	L-Fuß seit, R-Fuß ohne Gewicht schließen	L-Fuß seit, R-Fuß ohne Gewicht schließen	Kehre
+	¹/₂ R-Drehung auf L-Fuß	¹/₂ R-Drehung auf R-Fuß	
8	R-Fuß rück, L-vorbei	R-Fuß rück, L-vorbei	
9	L-Fuß seit (Seitenwechsel)	L-Fuß seit (Seitenwechsel)	
10–13	Wiederholung der Schritte 6–9		
14–18	Ochos vorwärts, Schritte 6–10		

6   7   8   9

Molinete Mühle nach links

Figurenelemente: Media Luna, L-Drehung 1–4 (S. 94), Molinete 5–14 (= 3 ganze Drehungen), Ochos rückwärts 5–13 (S. 88)

Ausgangsposition: In Grundstellung und geschlossener Umarmung (S. 24)

Hinweis: Die *Molinete* (= Ventilator, Windrad), Mühle nach links, große oder ganze Linksdrehung, ist eine klassische Drehfigur. Der Kern der Figur besteht aus vier Schritten (5–8; vor–seit–rück–seit) und kann beliebig oft wiederholt werden. In der beschriebenen Grundversion tanzen beide Partner mit gleichen Füßen *(cruzado)* gleichzeitig dieselben Schritte. In fortgeschrittenen Versionen können Mann und Frau diese Schritte auch rhythmisch versetzt zueinander ausführen.

Im Wesentlichen kommt es beim Tanzen der Kernfigur darauf an, am Ende von Schritt 5 und 6 jeweils auf dem Standfuß 1/2 L-Drehung (Kehre) auszuführen und die Körper bei jedem Schritt so weit wie möglich frontal voreinander zu stellen. Dabei sollte man in der Taille so stark wie möglich drehen, damit die Füße bei jedem Schritt zum Partner parallel stehen.

Der Weg der Schritte zeichnet ein Quadrat, die Bewegung beschreibt einen Kreis und die Drehachse befindet sich zwischen den Partnern. Die Fliehkraft drückt bei der *Molinete* in den Ring der offenen Umarmung, die einen stabilen Halt geben sollte.

Die *Molinete nach links* kann auch mit der Gegendrehung, *Molinete nach rechts* (vgl. S. 124/125) verbunden werden.

Rhythmus-Empfehlungen

– Alle Schritte lang

– Lang, lang, schnell, schnell
  lang + lang + schnell, schnell
  lang + lang + schnell, schnell
  lang + lang +
  lang + lang +
  schnell, schnell, lang,
  schnell, schnell, lang

Tanzfiguren

122

Deutschland

Molinete, Mühle nach links

Schritte	Er	Sie	
1–4	Media Luna-L-Drehung, Schritte 1–4		
5	L-Fuß vor, L-vorbei, R-Fuß ohne Gewicht schließen	L-Fuß vor, L-vorbei, R-Fuß ohne Gewicht schließen	Kehre
+	$^{1}/_{2}$ L-Drehung auf L-Fuß	$^{1}/_{2}$ L-Drehung auf L-Fuß	
6	R-Fuß seit, L-Fuß ohne Gewicht schließen	R-Fuß seit, L-Fuß ohne Gewicht schließen	Kehre
+	$^{1}/_{2}$ L-Drehung auf R-Fuß	$^{1}/_{2}$ L-Drehung auf R-Fuß	
7	L-Fuß rück, R-vorbei	L-Fuß rück, R-vorbei	
8	R-Fuß seit (Seitenwechsel)	R-Fuß seit (Seitenwechsel)	
9–12	Wiederholung der Schritte 5–8		
13–14	Wiederholung der Schritte 5–6		
15–23	Ochos rückwärts, Schritte 5–13		

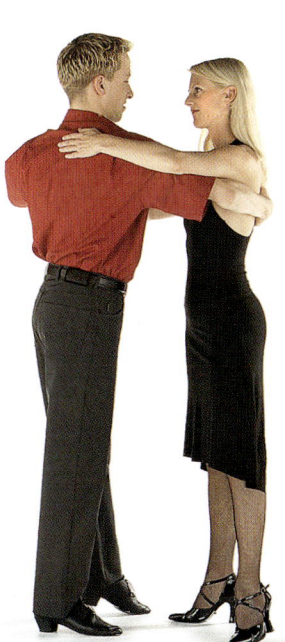

5   6   7   8

Molinete Mühlen im Wechsel

Figurenelemente: Molinete nach rechts 1–11 (S. 120), Ochos rückwärts 4–5 (S. 88), Seitenwechsel bei 14, Molinete nach links 5–14 (S. 122), Ochos rückwärts 3–4, Seitenwechsel bei 27, Molinete nach rechts 6–18 (S. 120)

Ausgangsposition: In Grundstellung und geschlossener Umarmung (S. 24)

Wechsel von rechts nach links

 11
 12
 12+
 13

Wechsel von links nach rechts

 24
 25
 25+
 26

Molinete, Mühlen im Wechsel

Schritte	Er	Sie	
1–10	Molinete nach rechts, Schritte 1–10		
11	L-Fuß seit, R-Fuß ohne Gewicht schließen	L-Fuß seit, R-Fuß ohne Gewicht schließen	**Kehre**
+	$^1/_4$ R-Drehung auf L-Fuß	$^1/_2$ R-Drehung auf L-Fuß	
12	R-Fuß seit, Partnerin zur R-Körperseite führen	R-Fuß rück, L-Fuß ohne Gewicht schließen	**Kehre**
+	Oberkörper dreht nach L, Fußposition halten, dann $^1/_4$ L-Drehung	$^1/_2$ L-Drehung auf R-Fuß	
13	L-Fuß rück, R-vorbei	L-Fuß rück, R-vorbei	
14	R-Fuß seit (Seitenwechsel)	R-Fuß seit (Seitenwechsel)	
15–23	Molinete nach links, Schritte 5–13		
24	R-Fuß seit, L-Fuß ohne Gewicht schließen	R-Fuß seit, L-Fuß ohne Gewicht schließen	**Kehre**
+	$^1/_4$ L-Drehung auf R-Fuß	$^1/_2$ L-Drehung auf R-Fuß	
25	L-Fuß seit, Partnerin zur L-Körperseite führen	L-Fuß rück, R-Fuß ohne Gewicht schließen	**Kehre**
+	Oberkörper dreht nach R, Fußposition halten, dann $^1/_4$ R-Drehung	$^1/_2$ R-Drehung auf L-Fuß	
26	R-Fuß rück, L-vorbei	R-Fuß rück, L-vorbei	
27	L-Fuß seit (Seitenwechsel)	L-Fuß seit (Seitenwechsel)	
28–40	Wiederholung Molinete nach rechts, Schritte 6–18		

Deutschland

Hinweis: Die *Molinete* (= Ventilator, Windrad), Mühle nach rechts und links, große oder ganze Rechts- und Linksdrehung im Wechsel, sind zwei klassische, große Drehfiguren. Sie zu verbinden, also abwechselnd rechts- und linksherum zu drehen ist für alle Tangopaare ein Vergnügen.

Hier wird eine einfache Verbindung der beiden *Molineten* durch *Ochos* rückwärts beschrieben. Der Mann lässt aus der *Molinete nach rechts* die Frau beim regulären Rückwärtsschritt in einen *Ocho rückwärts* tanzen und stoppt selbst durch einen Seitschritt seine Drehbewegung ab. Danach können beide mit dem Rückwärtsschritt der *Molinete links* weitertanzen. In gleicher Weise entwickelt der Mann den Wechsel von Linksdrehung zu Rechtsdrehung. Der Wechsel zwischen den beiden *Molineten* kann beliebig oft wiederholt werden. Als Alternative für Fortgeschrittene können die beiden *Molineten* auch durch *Ochos vorwärts* verbunden werden.

Molinete Mühle mit Stopp

Figurenelemente: Molinete nach rechts 1-13 (S. 120), Ocho vorwärts 6–10 (S. 86)

Ausgangsposition: In Grundstellung und geschlossener Umarmung (S. 24)

Hinweis: Die *Molinete* (= Ventilator, Windrad), Mühle mit Stopp, ist eine sehr elegante Auflösung der Figur *Molinete nach rechts*. Aus der Mühle nach rechts tanzt der Mann einen Stoppschritt *(Parada)* mit dem rechten Fuß vorwärts und lässt seine Partnerin in die *Vorwärts-Ochos* hineinlaufen. Dabei muss er durch starkes Verdrehen des Oberkörpers nach rechts ihre Bewegung mitmachen, bis sie wieder vor ihm steht, er einen Fußwechsel tanzt und mit den letzten drei Schritten des Grundschrittes abschließt.

Rhythmus-Empfehlungen

Schritte 13–15
– Schnell,
   schnell +
   schnell +

13

14

Molinete, Mühle mit Stopp

Schritte	Er	Sie	
1–12	Molinete rechts, Schritte 1–13		
13	L-Fuß seit	L-Fuß seit	
14	Partnerin zur R-Körperseite führen, R-Fuß vor (Parada)	R-Fuß vor, R-vorbei, L-Fuß ohne Gewicht schließen	Kehre
+	Oberkörper dreht nach R, Fußposition halten	$^1/_2$ R-Drehung auf R-Fuß	
15	Partnerin zur Körpermitte führen, L-Fuß rück wieder belasten	L-Fuß vor, vor dem Mann vorbei R-Fuß ohne Gewicht schließen	Kehre
+	Partnerin in geschlossene Umarmung führen, R-Fuß schließen	$^5/_8$ L-Drehung auf L-Fuß	
16–18	Salida/Base, Schritte 6–8		

14+

15

15+

Gancho Beinhaken aus Stopp

Rhythmus-Empfehlungen

Schritte 9–10+
– Lang +
 lang +

Figurenelemente: Baldosa als Linksdrehung 1–8, Ganchos bei 9+, 10+,
Base/Salida 3–8

Ausgangsposition: In Grundstellung und geschlossener Umarmung
(S. 24)

Hinweis: Der *Gancho* (el gancho = der Haken, Häkelnadel, Haarnadel), Beinhaken oder *Flick*, ist eine Bewegung, bei der der Unterschenkel des Spielbeines entweder durch die Beine des Partners oder der Partnerin schleudert oder um ein Bein des Partners schwingt und es dabei umhakt (Abb. unten).

Die eigentlichen *Ganchos*, also die Schritte 9–10, können nach Belieben wiederholt werden. Der Mann setzt nach der Gancho-Aktion mit Dynamik seine Bewegung nach vorne fort und führt dadurch seine Partnerin in die nächste Figur. Die Gancho-Bewegung lässt sich außerdem aus jeder Art außenseitlichem Stopp *(Parada)* sowohl links außen, als auch rechts außen an der Dame vorbei tanzen.

Entscheidend für die sichere Ausführung der Gancho-Bewegung ist der enge Körperkontakt, vor allem die sichere Berührung der Oberschenkel und das Einwärtsdrehen der eigenen Knie beim *Flick*. Nur so kann der jeweils aktive Partner fühlen, wo sich die freie Lücke für den *Gancho* befindet.

9

9+

Gancho, Beinhaken aus Stopp

Schritte	Er	Sie	
1–8	Baldosa als Linksdrehung, Schritte 1–8		
9	R-Fuß vor, R-vorbei	L-Fuß rück, R-Oberschenkel in Kontakt mit Partner	Gancho
+	Position halten	R-Fuß Flick durch die Beine des Partners	
10	L-Fuß rück, wieder belasten, R-Oberschenkel in Kontakt mit Partnerin	R-Fuß vor, R-vorbei, wieder belasten	Gancho
+	R-Fuß Flick durch die Beine der Partnerin	Position halten	
11–16	Base/Salida, Schritte 3–8		

10

10+

Aufbau-Figuren

Gancho Beinhaken im Drehen

Figurenelemente: Molinete nach links 1–6 (S. 122) mit Ganchos des Mannes, Molinete nach links 6–7 mit Parada des Mannes, Barrida bei 9, Gancho der Frau, Wechsel in R-Drehung bei 11, Molinete nach rechts 14–18 (S. 118)

Ausgangsposition: In Grundstellung und geschlossener Umarmung (S. 24)

Rhythmus-Empfehlungen

Schritte 5–12
– Alle Schritte lang

– Lang, lang, lang, lang, lang, lang +
   schnell + schnell

6

8

9

10

11

12

Gancho, Beinhaken im Drehen

Schritte	Er	Sie	
1–4	Molinete nach links, Schritte 1–4		
5	L-Fuß kleiner Schritt vor, R-vorbei, R-Fuß ohne Gewicht schließen	L-Fuß vor, $1/2$ L-Drehung auf L-Fuß	Kehre
+	$1/1$ L-Drehung auf L-Fuß		
6	R-Fuß Flick durch die Beine der Partnerin	R-Fuß seit, am Ende $1/4$ L-Drehung	
7	Partnerin weiterdrehen, R-Fuß klein vor (Parada)	L-Fuß rück	
8	L-Fuß rück wieder belasten	R-Fuß seit, L-Fuß in Kontakt mit R-Fuß des Partners	
9	R-Fuß wird von der Partnerin verschoben (Barrida), dann Gewicht auf R-Fuß	L-Fuß verschiebt R-Fuß des Mannes (Barrida), dann Gewicht auf L-Fuß	
10	Position halten	R-Fuß zirkelartig um das R-Bein des Partners bis zum Einhaken schwingen (Gancho), $1/2$ R-Drehung auf L-Fuß	Gancho
+			
11	Oberkörper dreht nach links, L-Fuß ohne Gewicht schließen	R-Fuß zirkelartig bis in Rückwärtsschritt führen	Kehre
+	$1/2$ R-Drehung auf R-Fuß		
12	L-Fuß seit in	L-Fuß seit	
13–23	Molinete nach rechts mit Stopp, 14–18		

Hinweis: Der *Gancho (el gancho* = der Haken, Häkelnadel, Haarnadel), Beinhaken oder *Flick*, ist eine Bewegung, bei der das Spielbein entweder durch die Beine des Partners oder der Partnerin schleudert (Schritt 6) oder um ein Bein des Partners schwingt und es dabei umhakt (Schritt 10).

Entscheidend für die sichere Ausführung der Gancho-Bewegung ist der enge Körperkontakt, vor allem der sichere Kontakt der rechten Oberschenkel und das Einwärtsdrehen der eigenen Knie beim Flick. Nur so kann der jeweils aktive Partner fühlen, wo sich die freie Lücke für den *Gancho* befindet.

Voleo Lufthaken aus Achter-Kehren rückwärts

Figurenelemente: Ochos rückwärts 1–4 (S. 88), Voleo mit L-Fuß rück/vor auf 4+ und 5, Ocho rückwärts Schritt 5, Voleo mit R-Fuß rück/vor, Ochos rückwärts 4–13

Ausgangsposition: In Grundstellung und geschlossener Umarmung (S. 24)

Hinweis: Der *Voleo (el voleo,* sprich: boleo = Schlag im Ballspiel), Lufthaken, ist eine dekorative Figur im Tango, die man auf der Bühne oder, wenn dazu genug Raum ist, auch im Salon tanzen kann.

Die Bewegung des Lufthakens entsteht durch das Führen einer aprupten Gegendrehung der Frau in die entgegengesetzte Richtung bei den *Ochos rückwärts.* Das Bein der Frau soll dabei möglichst locker aus dem Hüftgelenk pendeln und ausschließlich durch die kleinen, schnellen Körperdrehungen (hin–her–hin) des Mannes seinen hakenartigen Ausschlag in der Luft vollführen. Die Volco-Aktion kann beliebig oft wiederholt werden.

Der *Voleo* ist auch eine beliebte Verbindung von *Ochos rückwärts* zu *Ochos vorwärts:* Hier wird die Voleo-Aktion schon bei 4+ bzw. 6+ durch Gegendrehen gestoppt und die Frau unmittelbar in die *Ochos vorwärts* geführt.

Rhythmus-Empfehlungen

Schritte 4–7
– Alle Schritte lang

– Lang + lang +
  lang + lang +

4

4+

5

Voleo, Lufthaken aus Achter-Kehren rückwärts

Schritte	Er	Sie	
1–3	Ochos rückwärts, Schritte 1–3		
4	R-Fuß seit, Partnerin an die R-Körperseite führen	R-Fuß rück, L-Fuß ohne Gewicht schließen	
+	Oberkörper dreht nach L, Fußposition halten	$^{1}/_{4}$ L-Drehung auf R-Fuß (L-Lufthaken hinten)	**3x Kehre**
5	Oberkörper dreht nach R, Fußposition halten	$^{1}/_{4}$ R-Drehung auf R-Fuß (L-Lufthaken vorne)	
+	Oberkörper dreht nach L, Fußposition halten	$^{1}/_{2}$ L-Drehung auf R-Fuß	
6	L-Fuß seit, Partnerin an die L-Körperseite führen	L-Fuß rück, R-Fuß ohne Gewicht schließen	
+	Oberkörper dreht nach R, Fußposition halten	$^{1}/_{4}$ R-Drehung auf L-Fuß (R-Lufthaken hinten)	**3x Kehre**
7	Oberkörper dreht nach L, Fußposition halten	$^{1}/_{4}$ L-Drehung auf L-Fuß (R-Lufthaken vorne)	
+	Oberkörper dreht nach R, Fußposition halten	$^{1}/_{2}$ R-Drehung auf L-Fuß	
8–17	Ochos rückwärts, Schritte 4–13		

6

6 +

7

Voleo Lufthaken aus Achter-Kehren vorwärts

Figurenelemente: Ochos vorwärts 1–7, Voleos bei 7+ und 8, Ocho vorwärts bei 9, Voleos bei 9+ und 10, Ochos vorwärts 6–10

Ausgangsposition: In Grundstellung und geschlossener Umarmung (S. 24)

Hinweis: Der *Voleo (el voleo*, sprich: boleo = Schlag im Ballspiel), der Lufthaken, ist eine dekorative Figur im Tango, die man auf der Bühne oder, wenn dazu genug Raum ist, auch im Salon tanzen kann.

Die Bewegung des Lufthakens entsteht durch das Führen einer aprupten Gegendrehung der Frau in die entgegengesetzte Richtung bei den *Ochos vorwärts*. Das Bein der Frau soll hierbei möglichst locker aus dem Hüftgelenk pendeln und ausschließlich durch die kleinen, schnellen Körperdrehungen (hin–her–hin) des Mannes seinen hakenartigen Ausschlag in der Luft vollführen. Die Voleo-Aktion kann beliebig oft wiederholt werden.

Der *Voleo* ist auch eine beliebte Verbindung von *Ochos rückwärts* zu *Ochos vorwärts*: Hier wird die Voleo-Aktion schon bei 7+ bzw. 9+ durch Gegendrehen gestoppt und die Frau unmittelbar in die *Ochos vorwärts* geführt.

7

7+

8

Voleo, Lufthaken aus Achter-Kehren rückwärts

Schritte	Er	Sie	
1–6	Ochos vorwärts, Schritte 1–6		
7	L-Fuß seit, Partnerin an die L-Körperseite führen	L-Fuß vor, R-Fuß ohne Gewicht schließen	
+	Oberkörper dreht nach L, Fußposition halten	$1/4$ L-Drehung auf L-Fuß (R-Lufthaken vorne)	**3x Kehre**
8	Oberkörper dreht nach R, Fußposition halten	$1/4$ R-Drehung auf L-Fuß (R-Lufthaken hinten)	
+	Oberkörper dreht nach L, Fußposition halten	$1/2$ L-Drehung auf L-Fuß	
9	R-Fuß seit, Partnerin an die R-Körperseite führen	R-Fuß vor, L-Fuß ohne Gewicht schließen	
+	Oberkörper dreht nach R, Fußposition halten	$1/4$ R-Drehung auf R-Fuß (L-Lufthaken vorne)	**3x Kehre**
10	Oberkörper dreht nach L, Fußposition halten	$1/4$ L-Drehung auf R-Fuß (L-Lufthaken hinten)	
+	Oberkörper dreht nach R, Fußposition halten	$1/2$ R-Drehung auf R-Fuß	
11–14	Ochos vorwärts, Schritte 7–10		

9   9+   10

Sacada Hebelbewegung

Figurenelemente: Molinete nach rechts 1–9 mit Sacada, Ochos vorwärts 6–10

Ausgangsposition: In Grundstellung und geschlossener Umarmung (S. 24)

Hinweis: Die *Sacada* (*sacar* = hervorholen, vorantreiben, weiterhelfen – das Bein weghebeln), Hebelbewegung, ist eine Figur, bei der wie im Beispiel das rechte Bein der Frau durch das linke Bein des Mannes in eine Rückwärtsbewegung gehebelt wird. Diese Hebelbewegung kann durch einen Vorwärts-, Seitwärts oder einen Rückwärtsschritt des Mannes ausgelöst werden; der Beinkreisel (Rondé) der Frau bei Schritt 7 kann flach oder hoch ausgeführt werden. Für die *Sacada* muss der Mann die parallele Gegenüberstellung leicht verändern und sich mit der linken Hüfte

so weit zur Partnerin drehen, dass sein linker Fuß beim Seitwärtsschritt zwischen die Füße der Frau, nahe an ihr rechtes Bein trifft. Durch den Unterschenkel des Mannes entsteht ein Hebeleffekt, der das rechte Bein der Frau zum nächsten Schritt herausschleudert. Je mehr die Partnerin diesen Effekt abwarten kann, ihr Bein streckt und es mit gestrecktem Fuß zirkelartig über den Boden oder sogar in der Luft führt, desto spektakulärer und eleganter wirkt diese Bewegung.

Bei jeder Wiederholung des Schrittes kann der Mann den rechten Fuß der Frau erneut weghebeln. Auch die Frau kann die gleiche Hebelbewegung beim R-Fuß des Mannes anwenden.

Eine noch fortgeschrittenere Variation der *Sacada* ist die rückwärts angesetzte Hebelbewegung. Hierbei muss sich der Mann, ähnlich wie beim *Voleo aus einer Achter-Kehre vorwärts*, in der Taille so weit verdrehen, dass er mit einem Rückwärtsschritt zwischen die Beine seiner Partnerin tanzen kann. Diese Bewegung erfordert ein hohes Maß an Geschicklichkeit, damit die Umarmung mit der Frau nicht gestört wird.

> **Rhythmus-Empfehlungen**
>
> *Schritte 6–13*
> – Lang + lang + schnell, schnell, lang + lang + schnell, schnell

Sacada, Hebelbewegung

Schritte	Er	Sie	
1–5	Molinete nach rechts, Schritte 1–5		
6	Oberkörper beginnt nach R zu drehen, R-Fuß vor, R-vorbei, L-Fuß ohne Gewicht schließen	R-Fuß vor, R-vorbei, L-Fuß ohne Gewicht schließen	**Kehre**
+	$^{1}/_{2}$ R-Drehung auf R-Fuß	$^{1}/_{2}$ R-Drehung auf R-Fuß	
7	L-Fuß seit zwischen die Füße der Frau, nahe an ihrem R-Fuß, dann weghebeln ihres Beines (Sacada),	L-Fuß seit, durch Hebel R-Bein zirkelartig nach hinten führen (Sacada),	**Kehre**
+	$^{1}/_{2}$ R-Drehung auf L-Fuß	$^{1}/_{2}$ R-Drehung auf L-Fuß	
8	R-Fuß rück, L-vorbei,	R-Fuß rück, L-vorbei	
9	L-Fuß seit (Seitenwechsel)	L-Fuß seit (Seitenwechsel)	
10–13	Wiederholung der Schritte 6–9		
14–18	Ocho vorwärts, Schritte 6–10		

7a

7b

7+

8

Espejo Promenadenschritt rückwärts

Figurenelemente: Salida/Base 1–5, Espejo 6–8, Pivot (Achsendrehung) und Gehschritte an der linken Körperseite der Frau vorbei, Pivot 9–11, Salida/Base mit Fußwechsel 3–8

Ausgangsposition: In Grundstellung und geschlossener Umarmung (S. 24)

Rhythmus-Empfehlungen

Schritte 5–12
– Alle Schritte lang

– Schnell, schnell, lang +
   schnell, schnell, lang +
   lang

Tanzfiguren

138

Deutschland

Espejo, Promenadenschritt rückwärts

Schritte	Er	Sie	
1–4	Salida/Base, Schritte 1–4		
5	R-Fuß hinterkreuzen, Oberkörper dreht wieder gerade	L-Fuß vorkreuzen	
6	L-Fuß rück, am Ende $1/4$ R-Drehung	R-Fuß vor, R-vorbei, am Ende $1/4$ R-Drehung	
7	R-Fuß seit, am Ende $1/4$ L-Drehung, Oberkörper dreht nicht mit, Promenadenhaltung	L-Fuß seit, am Ende $1/4$ R-Drehung, Oberkörper dreht nicht mit, Promenadenhaltung	
8	L-Fuß rück in Promenadenhaltung,	R-Fuß rück in Promenadenhaltung, L-Fuß ohne Gewicht schließen	Kehre
+	am Ende $1/4$ R-Drehung, Oberkörper dreht nicht mit	$1/2$ L-Drehung auf R-Fuß	
9	R-Fuß seit (Seitenwechsel)	Position halten	
10	L-Fuß vor, L-vorbei	L-Fuß rück	
11	R-Fuß vor, L-vorbei	R-Fuß rück, L-Fuß ohne Gewicht schließen	Kehre
+	am Ende $1/4$ L-Drehung, bis R-vorbei	$1/4$ L-Drehung auf R-Fuß	
12	L-Fuß zum R-Fuß heranziehen, zum Schluß L-Fuß mit Gewicht schließen	Position halten	
13–18	Salida/Base, Schritte 3–8		

139

Hinweis: Der *Espejo* (= Spiegel), Promenadenschritt rückwärts, ist eine populäre Figur im argentinischen Tango, die im kontinentalen Tango häufig vorwärts getanzt wird. Als Auflösung der Promenaden-Aktion rückwärts wird hier ein raffinierter, aber einfach zu tanzender Wechsel zur linken Körperseite der Frau beschrieben, in den man mit gleichen Füßen *(cruzado)* hineintanzt. Am Schluss bringt eine gemeinsame kleine Linkskehre das Paar wieder in Normalstellung.

Bei dieser Figur ist es für das Paar sehr wichtig, seine Tanzhaltung nicht zu verlassen und klar zwischen normaler geschlossener Umarmung und Promenadenhaltung zu unterscheiden.

Círculo Zirkel

Figurenelemente: Salida/Base 1–5 mit zwei Fußwechseln, Círculo 6–12, Salida/Base 3–8

Ausgangsposition: In Grundstellung und geschlossener Umarmung (S. 24)

Hinweis: Der *Círculo* (= Kreis), Zirkel, ist eine Drehfigur im argentinischen Tango, die in spektakulärer Form auf der Bühne (siehe Abb. 12) und in bescheidenerer Form (siehe Abb. 8) im Salon getanzt werden kann.

Beim *Círculo* ist der Mann im Außenkreis des Zirkels, während die Frau die Drehachse bildet. Dabei ist es für die Frau sehr wichtig, dass der Mann den richtigen Abstand und das passende Gegengewicht für die Zirkeldrehung findet, während die Frau mit aufrechter Körperposition und ausreichender Körperspannung für einen sicheren Stand im Gleichgewicht sorgen muss. Auch bei dieser Figur versucht das Paar die Tanzhaltung nicht zu verlassen.

Rhythmus-Empfehlungen

Schritte 1–12
– Alle Schritte lang

– Lang, lang +
schnell, schnell, lang +
schnell, schnell, schnell, schnell,
schnell, schnell, schnell

2+ 3 4 5

Tanzfiguren

140

Deutschland

Círculo, Zirkel

Schritte	Er	Sie
1	R-Fuß rück	L-Fuß vor
2	L-Fuß seit, Oberkörper dreht leicht nach R,	R-Fuß seit
+	R-Fuß schließen	L-Fuß ohne Gewicht zum R-Fuß heranziehen
3	L-Fuß vor, R-vorbei	L-Fuß rück
4	R-Fuß vor	R-Fuß rück
5	Fußposition halten, Oberkörper dreht wieder zurück	L-Fuß vorkreuzen
+	¼ L-Drehung auf R-Fuß	¼ L-Drehung auf R-Fuß
6–12	gehen rück R-L-R-L-R-L-R, ¹/₁ L-Drehung um die Partnerin	weiterdrehen auf R-Fuß, L-Fuß zirkelartig nach hinten führen, evtl. R-Knie stark beugen, am Ende R-Knie wieder strecken
	Partnerin wieder in geschlossene Umarmung führen	
13–18	Salida/Base 3–8	

5+   6   8   12

Alternative

Pose Final

Posen für den Salon und für die Bühne

Hinweis: Die *Pose Final* (= Schlusspose), Endposen, sind fortgeschrittene Figuren im argentinischen Tango mit denen sich der Tanz akzentuieren und je nach dramatischem Höhepunkt des Musikstückes kunstvoll beenden lässt.

Posen kann man in bescheidenerer Form im Salon (siehe Abb. a–c) und in spektakulärer Form auf der Bühne (siehe Abb. d–f) tanzen.

Für das Gelingen von Posen sollten folgende Grundregeln beachtet werden:

1. Jeder braucht einen sicheren Stand und muss im Notfall ohne den Partner im Gleichgewicht bleiben.
2. Das Körpergewicht wird immer nur von einem Bein, dem Standbein, getragen! Das andere Bein, das Spielbein, sollte man jederzeit abheben können, es darf zwar eine stützende, aber keine tragende Funktion übernehmen.
3. Die Füße der Spielbeine sollten gestreckt und elegant gehalten werden.
4. An der aufrechten Körperhaltung sollte sich auch in den Posen nichts ändern und die Tanzhaltung, offene oder geschlossene Umarmung, sollte beibehalten werden.
5. Alle Arm- und Körperbewegungen sollten einen »Sinn« haben, d.h. eine Idee ausdrücken, die sich das Paar erträumt und die in die Musik passt.

A Valentino,
L-Fuß rückwärts und hohe Arme

B Valentino,
seitwärts

C Valentino,
L-Fuß rückwärts mit Beinpose der Frau

D Posen mit Voleo und Valentino

E Die tiefe Schere

F Drop

mi-lon-ga *n* The name of a peppy, cheerful dance related to the tango or the music for that dance hall where tangos, milongas and waltzes are danced.

mi-lon-gu-ero/mi-lon-gu-era *n* Person who frequents the milongas, their lifestyle or a particular style of dancing

International

Tangomanie

Finn-Tango

Elsa hatte strohgelbes Haar. Sie und er spielten in der Sommernacht, ihre Herzen schlugen vor Glück, doch das Schicksal wollte es anders. Das Pferd Liina war in der Nähe, es fraß zunächst das Heu der Wiese …

»Elsa, Kohtalon Lapsi«
(Elsa, Kind des Schicksals)
1967, Text Martti Innanen

Hunderte von Tangotänzern schieben sich an jedem Wochenende über die Tanzflächen der zahlreichen *Tanssilavat* (Tanzböden) in Helsinki oder auf dem Land. Manche Tangosäle in der Hauptstadt fassen über 1000 Besucher. Kaffee, Bier und *Makkara* (Würstchen) sind vorbereitet und auf der Digitalanzeige leuchtet abwechselnd »Naisten Haku« (Damenwahl) oder »Miesten Haku« (Herrenwahl) auf. Der Rhythmus des finnischen Tangos ist ein durchgehender Marsch. Dabei wird wenig Wert auf Figuren gelegt, man geht im Wesentlichen miteinander oder wiegt sich hin und her, nicht immer in enger Haltung, aber ohne Trennungsfiguren. Tango ist für die freien Finnen eine Art Vorspiel. Beide Tanzpartner sind dafür grundsätzlich offen, ohne dass es konkret werden muss. Tango hat in Finnland inzwischen seinen festen kulturellen Platz, er ist eine Volksbewegung.

In den 20er Jahren tanzte die finnische Elite Tango nach ausländischer Musik. Seit der finnische Komponist Toivo Kärki um 1940 eine spezielle Mischung aus deutscher Marschmusik und russischer Romanze komponiert hatte, entwickelten sich gesungene Formen der Tangomusik, Poesie mit den Texten der einfachen Leute und eine schlichte, praktische Form des Tangotanzens. In den 60er Jahren im Laufe einer Wirtschaftskrise und infolge der Entwicklung der Popmusik wurden die alten weinerlichen Tangos nur noch parodistisch gespielt, gesungen und getanzt und man machte sich über die Melancholie im Tango lustig. Mit Popklängen unterlegt überstand der Tango

aber diese Periode und lebte in seinen Kompositionen und Texten Ende der 70er Jahre wieder auf. 1985 fand in Ostbottniens, in Seinäjoki, das erste Tangofestival statt, das sich inzwischen, mit über hundertfünfzigtausend Besuchern zum größten finnischen Musikfestival entwickelt hat, bei dem jedes Jahr drei Tage lang in Hallen und auf besonderen »Tangostraßen« getanzt und musiziert wird.

△ Finnisch

FINNISCHER TANGO
tule tanssimaan

London goes Tango

Die Briten waren von jeher ein tanzfreudiges Volk und immer bestrebt System und Ordnung in Tanzschritte, Veranstaltungen und Wettbewerbe zu bringen. Da verwundert es nicht, dass sie häufig die ersten waren, die Schrittbeschreibungen zu den verschiedenen Gesellschaftstänzen veröffentlichten. Alex Moore schrieb 1948 »The Revised Technique of Ballroom Dancing«, Walter Laird die »Technique of Latin Dancing«. Beide Werke haben sich zu Klassikern entwickelt, sind profunde Ausbildungsunterlage für Generationen von Tanzlehrern und werden von der »Imperial Society of Teachers of Dancing« regelmäßig überarbeitet und aktualisiert. Innerhalb dieser Werke erscheint der Tango in seiner kultivierten, internationalen Form nicht bei den Lateinamerikanischen, sondern bei den Standardtänzen. Diese Entscheidung wurde auf Grund der engen Tanzhaltung im Tango getroffen, die bei allen Standardtänzen gepflegt wird, während es bei den Lateintänzen offene Gegenüberstellungen und Trennungen (nur eine Hand wird gefasst) gibt.

Während der bekannte Tänzer Juan C. Copes 1958 in seinem Buch »Let's Dance Tango/Bailamos Tango« zweisprachig einen Versuch unternommen hatte, einige Tango-Argentino-Figuren aufzuschreiben, wurde 1990 erstmals von dem Briten Paul Bottomer eine größere Anzahl von Figuren in dem Buch »Tango Argentino« festgehalten. Bottomer verwendete eine ähnliche Tanzsprache wie Walter Laird, griff viele spanische Begriffe auf und ergänzte sie, indem er vielen Figuren eigene Namen gab, was heute die

Orientierung etwas erschwert. Dennoch ist der Versuch, »Ordnung« in einen Improvisationstanz zu bringen, anerkennenswert.

Auch tänzerisch ist in Großbritannien einiges geboten. Das »Blackpool Dance Festival« zieht jedes Jahr Hunderte von Gesellschaftstanzpaaren aus aller Welt an, die sich in den großen Sälen miteinander messen. In London stehen riesige Tanzhallen an verschiedenen Wochentagen für Tänzer aller Leistungsstufen zur Verfügung. Teilweise bewegen sich bis zu fünfhundert Tänzer gleichzeitig auf der Tanzfläche. Außerdem gibt es in London inzwischen

etwa zehn Tangolokalitäten, wo man regelmäßig Tango Argentino tanzen kann. Von der »Academia National de Tango (UK)« wurde im November 2002 »The 4th London International Tango Festival«, das in Europa hochkarätigste Festival in der Porchester Hall veranstaltet. Das weltberühmte argentinische Tango-Orchester »El Arranque« und elf Weltklassepaare bildeten die Attraktion für das viertägige Fest.

▷ Gloria & Eduardo Aquimbau (Argentinien) sind eines der ältesten und populärsten Paare aller Zeiten, fast schon eine Tangolegende, die mit ihrer charismatischen Art und ihrem ganz persönlichen Stil der authentischen *Milongueros* die Zuschauer begeisterten.

▷ Carlos Gavito & Maria Plazaola (Argentinien) sind ein ungleiches, aber faszinierendes Paar. Er, mit fast vierzigjähriger Bühnenerfahrung, gilt als einer der elegantesten Tänzer mit der besten Führung;

sie, jung und schön, war eine der einfühlsamsten Frauen auf der Fläche.

▷ Fernanda Ghi & Guillermo Merlo (Argentinien/ USA) bilden ein junges, hinreißend aussehendes, warmherziges Paar, bei dem jeder Tanz eine abgeschlossene Dramaturgie hat. Sie wurden 1999 Weltmeister im Tango Argentino in Miami und waren mit ihrer eigenen Musical-Show »Tango Dreams« vor allem in den USA sehr erfolgreich.

▷ Mora Godoy & Juan Horwath (Argentinien): Die Primaballerina ist Choreografin ihrer eigenen Gruppe »Tango Emoción«; zur Zeit ist sie mit ihrem schon in Buenos Aires erfolgreichen Musical »Tanguera« auf Tour in Europa. Sie tanzte mit ihrem Musicalpartner.

▷ Natalia Games und Gabriel Angio (Argentinien); ihre Show war die wohl technisch perfekteste des Festivals.

▷ Veronique Boucasse & Thierry Le Cocq (Frankreich) sind ein französisches Meisterpaar, das den liebenswerten Musette-Stil in ihre Musik und Tanzvorführung integrierte.

▷ Liliana Nakada & Kenji Nozawa (Japan) präsentierten mit ungeheurer Energie und Präzision den japanischen Tangokult.

▷ Regina Chiappara & Martin Borteiro (Uruguay) interpretierten einen eher flamenco-gefärbten Tango.

▷ Alejandre Horbert & Adrian Veredice (Argentinien) erwiesen sich als vielversprechende Nachwuchstalente mit faszinierender Akrobatik, bestechend exakter Tanztechnik, hoher Sensibilität und Geschwindigkeit.

▷ Ruben Milonga & Patricia Parada (Argentinien): ihre Namen verraten schon ihre humorvolle, parodistische Auffassung von Tango.

▷ Schließlich tanzten zwei groß gewachsene Brüder, Enrique & Guillermo de Fazio (Argentinien) und stellten mit dem atemberaubenden Tempo ihrer Männer-Show alles in den Schatten, was vor ihnen gezeigt worden war. Standing ovations zollten die sonst so zurückhaltenden Briten dieser großartigen Leistung auf dem Festival.

Alle genannten Paare tanzten nicht nur Shows, sondern unterrichteten vier Tage lang Anfänger, Fortgeschrittene und sehr Fortgeschrittene in den drei Tango-Tänzen: *Milonga, Vals* und *Tango*. Es war faszinierend, wie bescheiden die Stars in den Workshops auftraten und wie natürlich sie mit ihren Schülern aus aller Welt umgingen. Sie präsentierten sich, auch für den Anfänger mit bescheidenen Vorkenntnissen, als liebevolle Helfer und Paten für

149

die Entwicklung individueller tänzerischer Fähigkeiten.

Ebenso interessant wie die Stars waren die Gäste: Hier traf sich ein Zirkel enthusiastischer Tangotänzer, die auch weite Reisen nicht scheuen, viel Zeit und Geld in Unterricht investieren, um bei diesen Festivals dabei zu sein. Besonders schön war dabei zu sehen, wie der Tango ein Treffen unterschiedlicher Kulturen »hautnah« ermöglicht: Durch den direkten körperlichen Kontakt beim Tanzen spielen beim Tango weder Hautfarbe noch Nationalität oder Religion eine Rolle: Man hatte das Gefühl, »wenn Du Tango tanzt, gehörst Du dazu!«

◁ Festivalabschluss in London 2002
▷ Giselle & Gustavo

WM in Miami

In Miami, dem Paradies für Dauerurlauber, gibt es eine eher kleine Tangoszene. Nur in acht verschiedenen Cafés und anderen Tanzgaststätten wird Tango Argentino getanzt. Trotzdem hat sich die Stadt im Bereich Tango einen internationalen Namen gemacht. Hier veranstaltete die IDO (International Dance Organisation), die Zentrale für die Organisation von tänzerischen Wettbewerben außerhalb des Bereiches der »zehn Tänze«, erstmals 1999 Weltmeisterschaften in der Sparte Tango Argentino. Wettbewerbe dieser Art gibt es seit etwa zehn Jahren, insbesondere National-, Europa- und Weltmeisterschaften.

Man kann sich vorstellen, dass es nicht ganz einfach ist, objektive Leistungskriterien für einen Improvisationstanz zu entwickeln, der von der Individualität, der Spontaneität lebt und eigentlich nicht vergleichbar ist. Trotzdem reizt es, den Versuch zu unternehmen die Leistung hochklassiger Showpaare im Wettbewerb zu sehen. Heute unterscheidet man bei Tanzturnieren im Tango Argentino zwei Disziplinen: In der ersten Wettbewerbsrunde wird der »tango de salon«, in den Endrunden der »tango fantasia« getanzt. In dem ersteren, dem Salontango, dürfen keine Ganchos, Voleos, keine Trennungen und keine Hebefiguren getanzt werden. In der Fantasia-Version kann ein Paar nach dem Musikstück seiner Wahl und der eigenen Choreografie alles tanzen, was zum Tango gehören kann.

Fernanda hat eine klassische Ballettausbildung und tourte als Solotänzerin mit dem ersten Jugendballett von Buenos Aires. Guillermo lernte bei Juan Carlos Copes und tanzte in der Broadway-Show »Forever Tango« überall in den USA und London. Gemeinsam sind sie in Tanzkompanien wie »Tango Vivo« und »Tangoing« aufgetreten und haben mit »Tango Dreams« ihre eigene Produktion erfolgreich choreografiert und getanzt.

▷ Tango-Weltmeister 1999: Fernanda & Guillermo

Sieger 1999: Fernanda Ghi & Guillermo Merlo (Argentinien)
Sieger 2000: Marcela Duran & Carlos Gavito (Argentinien)
Sieger 2001: Monica Llobet & Christian Camacho (USA)
Sieger 2002: Daniela Tabai & Marco Palladino (Italy)

Zum Tango nach Moskau

Der erste »Social Dance Congress« Russlands fand im
Oktober 2001 in Moskau statt. Das deutsche Tanz-
lehrerpaar Martina Schürmeyer und Peter Hölters
war zum Unterrichten von Tango Argentino und
zum Showtanzen eingeladen.

»Der Unterricht ist wahre Freude. Die Schüler sind
allesamt ausgebildete Tänzer, die das Thema Tango
mit Begeisterung aufnehmen und sich ohne Probleme
in die für sie fremde Musik einfühlen. Tango ist Welt-
musik, seine Mystik wirkt auch hier, stellen wir fest.
Der Kongress mündet in ein so genanntes ›Concert‹.
Darunter versteht man in Russland einen Abend, der
aus Darbietungen, ›selber‹ Tanzen, Essen und Trinken besteht. Martina und ich tanzen einen *Vals* zu
›Desde el alma‹, einen *Tango* ›Emancípacìon‹ und
eine *Milonga*. Alles – mehr oder weniger – mit Büh-
nenelementen. Für die Zugabe haben wir einen
Tango aus Russland gewählt, von Pjotr Letschenko,
der seine Heimat wegen Stalin verlassen musste.
Trotzdem erreichte seine Musik aus dem Exil in
Rumänien, auf Röntgenplatten gepresst und einge-
schmuggelt, die Fans in der Heimat. Eine Reaktion
des Publilums auf die Musik und unseren Salontango
ist für uns während des Tanzens nicht spürbar. So
gehen wir, etwa in der Mitte des Stückes, tanzend
von der Fläche. In der Garderobe, während wir uns
umziehen, klopft es an die Tür: ›Peter, Martina!
Please come to the floor again!‹ Wir schließen eilig
die Reißverschlüsse, richten Krawatte und Frisur

und denken an eine offizielle Verabschiedung. Es sind
nur wenige Schritte zurück in den Saal. Niemand
sitzt mehr auf den Stühlen, alles steht und applaudiert
und aus dem Lautsprecher klingt die Stimme Pjotr
Letschenkos! Wir nehmen den Beifall entgegen und
verbeugen uns. Da raunt man uns eindringlich zu:
›You have to dance again, please!‹ Und so tanzen
wir noch einen Tango mit der Musik des russischen
Tangokönigs.
Später sitzen wir zusammen mit unseren Kollegen
aus den USA, Holland, Frankreich und Dänemark.
Sie klären uns auf, warum die Reaktionen für uns so
verhalten schienen. ›Die Menschen haben geweint‹,
so sagt man uns. Wir können es nicht glauben, aber
so ist es. Viele Menschen kommen später an unseren
Tisch, sprechen mit uns, wir verstehen die Worte
nicht, aber erfühlen den Dank und die Ergriffen-
heit. Wir sind tief beeindruckt und gerührt und
erkennen, dass auch das Herz der Russen für den
Tango schlägt.«

▷ Martina & Peter in Moskau

International

Milongas und Práctica

Argentinien: (siehe S. 23)

Australien: Brisbane, Melbourne, Perth, Sydney,

Belgien: Brüssel, Gent, Antwerpen

Brasilien: Rio de Janeiro, Sao Paulo

Chile: Santiago

China: Peking

Dänemark: Aarhus, Kopenhagen, Odense

Deutschland: (siehe S. 109)

Finnland: Helsinki

Frankreich: (siehe S. 63)

Griechenland: Athen

Großbritannien: Belfast, Bristol, Cambridge, Cardiff, Chichester, Devon, Dublin, Dursley, East Kent, Edinburgh, Enfield, Fareham, Glasgow, Harrow, Kingston Upon Thames, Leeds, Leichester, London, Manchester, Oxford, Portsmouth, Reading, Totnes

Hawaii: Aiea, Honolulu

Hongkong: Hongkong

Israel: Tel Aviv

Italien: Ancona, Bardolino, Bari, Belluno, Bergamo, Bologna, Brescia, Cagliari, Catania, Rimini, Isola D'Elba, Florenz, Genua, Mailand, Modena, Neapel, Naxos (Sizilien), Padua, Palermo, Pisa, Ravenna, Rom, Savona, Siena, Venedig, Turin, Udine, Triest, Verona

Japan: Aichi, Osaka, Kanagawa, Nagoya, Ohfuna, Saitama, Tokio

Kanada: Montreal, Portland, Quebec, Saltspring Island, Toronto, Vancouver, Victoria

Kolumbien: Medellin

Korea: Seoul

Kuba: Havanna

Malta: Gharghur

Niederlande: Alkmaar, Amsterdam, Apeldorn, Arnheim, Den Haag, Deventer, Eindhoven, Enschede, Groningen, Herzogenbusch, Leeuwarden, Nijmwegen, Maastricht, Rotterdam, Tilburg, Utrecht, Zupthen

Norwegen: Bergen, Oslo, Trondheim

Österreich: siehe S. 109

Phillipinen: Manila

Polen: Warschau

Portugal: Lissabon, Porto

Russland: Moskau, St. Petersburg

Schweden: Göteborg, Malmö, Stockholm, Uppsala

Schweiz: siehe S. 109

Slowenien: Ljubljana

Spanien: Barcelona, Bilbao, Fuerteventura, Granada, Lanzarote, Madrid, Mallorca, Malaga, Santander, Sevilla, Tarragona, Teneriffa, Valencia, Zaragoza

Tschechien: Prag

Türkei: Istanbul, Ankara

Ungarn: Budapest

Uruguay: Montevideo

USA: Albuquerque, Austin, Atlanta, Cincinnati, Colorado, Denver, Fort Collins, Houston, Los Angeles, Miami, Minneapolis, New York, Lake Worth, Palm Beach, Pasadena, Philadelphia, Rochester, San Diego, San Francisco, Santa Barbara, Santa Cruz, Santa Fe, Sacramento, Salt Lake City, Saratoga, St. Paul, Seattle, Tampa, Tucson, Washington DC

International

Festivals und Meisterschaften
Tangofestival London, GB
(tangofestival.co.uk,
www.tangoreview.com)

Weltmeisterschaften Tango Argentino
in Miami, USA

Tango-Infos
Tango review, Tangozeitschrift
(www.tangoreview.com)

Tango weltweit im Internet:
www.cyber-tango.com;
www.xs4all.nl~disegno/tango/links.html

»Verschlungen«,
Aquarell (Henrike Behler)

Musik, Orchester, CDs

Berühmte Musikstücke (Auswahl)

Buenos Aires, El Choclo, El Día Que Me quieras, Jealousy, La Cumparsita, Mano A Mano, Media Luz, Melodia Del Arrabal, Mi Noche triste, Milonguita, Por Una Cabeza, Re Fa Si Caminito, Solidad, Sur Mi Buenos Aires Querido, Tanguera, Verano Porteño, Volver, Yira … yira

Weltberühmte Tango-Orchester

Orchestra El Arranque
Sexteto Cayengue
Sexteto Mayor

CD-Empfehlungen

3 MINUTOS CON LA REALIDAD – TANGOS CLÁSSICOS, Trio Animae
ÁLVAREZ GARDEL, Marcelo Àlvarez
ASFALTO – STREET TANGO, Pablo Ziegler
BAILE DE ARGENTINO TANGO, Enrique Cuttini
BEST OF TANGO ARGENTINO INSTRUMENTAL – MILONGA, Danza y Movimento

BEST OF TANGO ARGENTINO INSTRUMENTAL – TANGOS, Danza y Movimento
BEST OF TANGO ARGENTINO INSTRUMENTAL – VALSES, Danza y Movimento
CABULERO, Orquesta El Arranque
CARLOS GARDEL 20 GRANDES ÉXITOS, EMI 1984
DANCING TANGO, Mariano Mores y su orquesta
LA CUMPARSITA, Orchesta Tipica Buenos Aires
LAS GRANDES ORQUESTAS DEL TANGO, Juan D'Arienzo
LATIN CLASSICS – MUSIC FOR GUITAR AND FLUTE FROM SOUTH AMERICA, Koch Classics 2000
MEJORES ORQUESTAS DEL TANGO, BMT
PA'QUE BAILEN LOS MUCHACHOS – CON LAS PLUIE D'AUTOMN, Brise Parisienne
QUEJAS DE BANDONEÓN, Sexteto Mayor
SAGA DOS MIGRANTES, Sérgio & Odair Assad
SOUL OF THE TANGO, Yo Yo Ma
SYMPHONIC TANGO NIGHT, Tango Five und die Stuttgarter Philamoniker
TANGO ARGENTINA, MCCD 098
TANGO ARGENTINO – THAT'S IT, Condor Musik
TANGO ARGENTINO – TRIO PANTANGO, El Garrón
TANGO ARGENTINO, Orchestra Tango Cafe
TANGO MAXIMA, Sexteto Cayengue
TANGO SUITE, El Pifie, Studios Plaza, Buenos Aires
TANGO, Carlos Saura, Original Motion Picture Soundtrack
TANGO, Sexteto Cayengue, Tangueros de Holanda
TANGOMANÍA – TRISTESA Y PASIÓN, EMI 1997
TANGOS FOR EXPORT, CBS
TANGUERA – EL MUSICAL ARGENTINO, Diego Romay, Argentina 2002
THE BEST OF TANGO, Sony 1998
THE TANGO LESSON – ORIGINAL MOTION PICTURE SOUNDTRACK, Sony 1997

CD-Versand

Danza y Movimento, Neanderstr. 41, 20355 Hamburg

Literatur

Bücher

ALLEBRAND, RAIMUND: Tango – Nostalgie und Abschied, Unkel/Rhein 1998

BUNTENBACH, JÖRG UND HESSE, JÖRG: Tango Metropole Berlin, München 2001

BOTTOMER, PAUL: Tango Argentino – The Technique, Nottingham 1990

CASTRO, MAURICIO: Tango – Die Struktur des Tanzes, Stuttgart 2000

COLLIER, SIMONE/COOPER, ARTEMIS/AZZI, MARÍA SUSANA/MARTIN, RICHARD: Tango – Mehr als nur ein Tanz, München 1995

COPÉS, JUAN C.: Let's Dance – Bailemos Tango, Buenos Aires 1989

BIRKENSTOCK, ARNE UND RÜEGG, HELENA: Tango, München 1999

DINZEL, GLORIA UND RUDOLFO: Tango – eine heftige Sehnsucht nach Freiheit, Spanien 1999

DORN, KARIN: Tangogeschichten, München 2002

ELSNER, MONIKA: Das vierbeinige Tier, Europäischer Verlag der Wissenschaften 1998

GARCÍA SIMON, DIANA: Einen Tango Bitte, Frankfurt am Main 2002

GORIN, NATALIO: Astor Piazzolla – Erinnerungen, Metro-Verlag 2000

GÜNTHER, H./SCHÄFER, H.: Vom Schamanentanz zur Rumba – Die Geschichte des Gesellschaftstanzes, Stuttgart 1975

IMPERIAL SOCIETY OF TEACHERS OF DANCING: The Ballroom Technique, London 1994

IMPERIAL SOCIETY OF TEACHERS OF DANCING: The Ballroom Technique – Deutsche Übersetzung, London 1992

KROMBHOLZ, GERTRUDE UND HAASE-TÜRK, ASTRID: Richtig Tanzen – Lateinamerikanische Tänze, München 2002

KROMBHOLZ, GERTRUDE UND HAASE-TÜRK, ASTRID: Richtig Tanzen – Standard Tänze, München 2002

KROMBHOLZ, GERTRUDE UND HAASE-TÜRK, ASTRID: Easy Dancing – Tanzen für Einsteiger, München 2003

LUDWIG, EGON: Tango Lexikon – Der Tango rioplatense, Fakten und Figuren, Berlin 2002

NAU-KLAPWIJK, NICOLE: Tango Dimensionen, München 1999

NUMMINEN, M. A.: Tango ist meine Leidenschaft, HaffmansVerlag 2000

PELLICORO, PAUL: Tango – The Definitive Guide to Argentine Tango, London 2002

PLISSON, MICHEL: Tango, Heidelberg 2002

RAPPMANN, RAINER UND WALTER, ALBRECHT, Tango, Obsession – Passion, Wangen/Allgäu 1997

REICHARDT, DIETER: Tango –Verweigerung und Trauer, Frankfurt am Main 1984

SALAS, HORACIO: El Tango, Buenos Aires 1986

SATORI, RALF UND STEIDL, PETRA: Tango – die einende Kraft des Eros, München 1999

SATORI, RALF: Tango – Tanz der Herzen, München 2001

SCHNEIDER, O.: Tanzlexikon, Der Gesellschafts-, Volks- und Kunsttanz von den Anfängen bis zur Gegenwart mit Bibliographie und Notenbeispielen, Mainz/London/New York/Tokio 1985

SCHUMANN, GÜNTER: Le Tango – Gesammelte Texte vom Tango, Eigenverlag 1995

VOß, ARNOLD: Aus dem Bauch des Tangos, Herne 1999

Zeitschriften

TANGO DANZA, Zeitschrift für Tango Argentino, Bielefeld, vierteljährlich seit Oktober 1999

TANGO REVIEW, London, vierteljährlich

TANZEN UND FREIZEIT – GESTERN HEUTE MORGEN, ADTV Allgemeiner Deutscher Tanzlehrerverband, München 1998

Videos

CURSO DE TANGO 1–3, Ricardo & Nicole, Videotour 1995

TANGO ARGENTINO, Gloria & Eduardo, Gloardo 1987

TANGO EN LA NOCHE DE BUENOS AIRES, Videart S. A. Buenos Aires

TANGO PASIÓN – WITH THE SEXTETO MAYOR, Mel Howard, AIS Productions, New York

TANGO VOM RIO DE LA PLATA – DIE TANGOSCHULE BERLINS, Silvia Gliese und Juan D. Lange, Anna Goldberg Film/Estudio Sudamerica 1996

Glossar

abrazo, el

(die Umarmung) *Abrazo,* die Tanzhaltung im Tango

bandoneón, el

das Bandoneón, weiterentwickelte Konzertina; unerlässliches Begleitinstrument für den Tango Argentino

barrida, la

(Fegen) *Barrida,* ein Tanzschritt mit Fußschieben

Achsendrehung

(pivote) Drehung auf dem Ballen eines Fußes, wobei der andere Fuß, das Spielbein, in Schrittstellung gehalten wird

adelante

vorwärts

adorno, el

(Schmuck, Dekoration) *Adorno,* Verzierung, zusätzliche Fuß- oder Beinaktionen mit der fortgeschrittene Tangotänzer zwischen den Schritten die Musik interpretieren

außenseitlich

Schrittrichtung; ein Tanzschritt wird entweder rechts oder links am Partner vorbei gesetzt

baldosa, la

(die Kachel) *Baldosa,* Basis-Figur; enthält sechs Schritte der Basis-Figur Salida/Base, ohne den Mittelteil der Salida-Schritte

base, la

(die Basis) *Base* oder Salida/Base, Basis-Figur aus acht Schritten

Brush

das Heranziehen eines unbelasteten Fußes zum Standbein; der jeweils unbelastete Fuß berührt das Standbein ohne Gewicht

calesita, la

(das Karussell) *Calesita* oder *Cunita,* Basis-Figur mit Wiederholung eines Vor–rück–Wiegeschrittes am Platz und Achsendrehungen

caminar

das Gehen

círculo, el

(der Kreis) *Círculo,* Aufbau-Figur, bei der einer der Partner im Zentrum bleibt und der andere ihn umrundet

corte, el

(der Schnitt) *Corte,* ein Stopp in der Bewegung

cruzado

(gekreuzt) beide Partner tanzen mit gleichen Füßen

cunita, la

(die Wiege) *Cunita,* Basis-Figur, Wiegeschritt seitwärts oder vorwärts–rückwärts

escapada, la

(Entwischen, Ausreißen, Seitensprung) *Escapada,* Aufbau-Figur, fortlaufender Seitenwechsel

espejo, el

(der Spiegel) *Espejo,* Aufbau-Figur, enthält Promenadenschritte rückwärts, die aussehen wie spiegelbildliches Tanzen

firulete, el

Firulete, Beinkreis-Verzierung, mit deren Hilfe fortgeschrittene Tangotänzer Wartepausen überbrücken, die z.B. durch Fußwechsel entstehen

Flick

das schnelle Anwinkeln des Unterschenkels aus einem gestreckten Bein und das sofortige Wiederstrecken des Spielbeines

Füße schließen

Rechter und linker Fuß stehen parallel geschlossen mit Ballen- und Fersenkontakt

gancho, el

(Haken, Häkelnadel, Haarnadel) *Gancho,* Aufbau-Figur, Beinhaken um das Bein des Partners

Gardel

berühmter Argentinischer Tangosänger, 1890–1935

Glossar

Gardelito

Der »kleine« Gardel, Kosename für die Basis-Figur *Cunita* oder *Calesita*

Gegen(sätzliche)-Füße

die gegensätzlichen Füße werden verwendet (z.B. Er R-Fuß, Sie L-Fuß)

Gegen-Promenadenhaltung

halboffene Umarmung, v-förmiges Öffnen der Tanzhaltung in Richtung der umarmenden Hände

Gleiche Füße

die gleichen Füße werden verwendet (z.B. Er R-Fuß, Sie R-Fuß)

Grundstellung

Ausgangsposition jeder Figur (siehe S. 28)

Hebel

Sacada, Aufbau-Figur

Kehre

Ocho, Basis-Figur, Ballendrehung aus einem Vorwärts- Rückwärts- oder Seitwärtsschritt bei geschlossenen Füßen

Körperschwerpunkt

(Körperachse) senkrechtes Lot der Körperbalance

L-Drehung

Linksdrehung

Lufthaken

Voleo, Aufbau-Figur, die Bewegung entsteht durch das abrupte Gegenführen in einen Ocho vorwärts oder rückwärts

lunfardo, el

Dialekt des Porteño von Buenos Aires

L-vorbei

der Schritt wird einspurig an der linken Körperseite des Partners vorbei getanzt

media luna, la

(der Halbmond) halbe Rechts- oder Linksdrehung, Basis-Figur

milonga, la

Milonga, Tanzveranstaltung und rhythmische Variation des Tangos

milonguera, la

eine junge Kabarettistin

milonguita, la

eine Frau mit leichtfertigem Lebenswandel

molinete, el

(Ventilator, Windrad) *Molinete,* Aufbau-Figur, fortlaufende, große Rechts- oder Linksdrehung, Paar-Pirouette

ocho, el

(acht) Kehre, Basis-Figur, Ballendrehung aus einem Vorwärts- Rückwärts- oder Seitwärtsschritt bei geschlossenen Füßen

Glossar

para atrás
rückwärts

parada, la
(Stillstand, Aufenthalt, Haltestelle) Stopp in der Bewegung

paso basico, el
Salida/Base, Basis-Figur aus acht Schritten

Pendelschritt
Wiegeschritt seitwärts

pivote, el
(der Dreh- und Angelpunkt) Achsendrehung, Drehung auf dem Ballen eines Fußes, wobei der andere Fuß, das Spielbein, in Schrittstellung gehalten wird

porteño, el
(porto = Hafen) Bewohner der Hafenstadt Buenos Aires

práctica, la
(Übung, Gebrauch, Praxis) Práctica, Übungsabend oder Gruppenunterricht im Tango

Promenadenhaltung
halboffene Umarmung, v-förmiges Öffnen der Tanzhaltung in Richtung der gefassten Hände

Promenadenschritt
v-förmiges Öffnen der Tanzhaltung in Richtung der gefassten Hände, Gehen rückwärts oder vorwärts in dieser Position

quebrada, la
(die Bergschlucht, der Bruch), eine Pose; die Körperlinie wird in der Taille entweder zur Seite, oder für den Mann vorwärts und die Frau rückwärts gebrochen

Rondé
Beinkreis

R-Drehung
Rechtsdrehung

R-vorbei
der Schritt wird einspurig an der rechten Körperseite des Partners vorbei getanzt

sacada, la
(das Wegnehmen, Hebel) Hebel, Aufbau-Figur, Weghebeln eines Beines

salida, la
(der Ausgang) drei Schritte, siehe zweiter Teil der Salida/Base

sanguichito, el
(das Sandwich) Sandwich, Aufbau-Figur, beide Füße klemmen einen Fuß des Partners ein

Umarmung
(abrazo) Tango-Tanzhaltung

Valentino
Stopp-Schritt, Basis-Element; nach dem berühmten Tangotänzer und Filmschauspieler Rudolfo Valentino, Spitzname für einfache Tango-Pose

vals, el
Vals, Tango-Walzer

voleo (sprich: boleo), el
(Schlag im Ballspiel) Lufthaken, Aufbau-Figur; die Bewegung entsteht durch das abrupte Gegenführen in einen *Ocho* vorwärts oder rückwärts

Wechselschritt
Drei-Schritt-Kombination seitwärts, vorwärts oder rückwärts, bei der beim zweiten Schritt die Füße geschlossen werden. Wechselschritte werden für Fußwechsel und als rhythmische Verzierung verwendet

Wiege-Drehung
Cunita oder *Gardelito,* Basis-Figur; an der Stelle getanzte Wiegedrehung nach links oder rechts

Wiegen/Wiegeschritt
das Körpergewicht wird wischen zwei Schritten hin und her entweder vor-rück oder zur Seite verlagert

Zirkel
Círculo, Aufbau-Figur, bei der einer der Partner im Zentrum bleibt und der andere ihn umrundet

Bibliografische Information
Der Deutschen Bibliothek

Die Deutsche Bibliothek verzeichnet diese Publikation
in der Deutschen Nationalbiografie; detaillierte bibliografische Daten sind im Internet über http.//dnb.ddb.de
abrufbar.

Zur Autorin

Astrid Haase-Türk (vorm.
Leis-Haase): Selbstständige
ADTV-geprüfte Tanzlehre-
rin und Tanzsporttrainerin
für Gesellschafts- und Tur-
niertänze, mit Zusatzausbil-
dung in zahlreichen Mode-
tänzen, Fachlehrerin für
Tango Argentino. Seit 1980
als Tanzlehrerin und Fach-
buchautorin in München.
www.tangoastrid.de

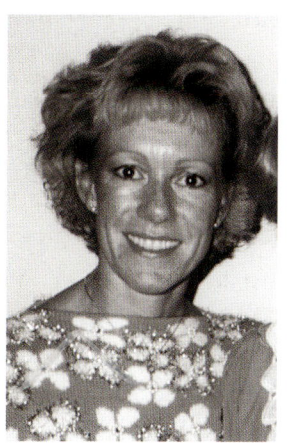

BLV Verlagsgesellschaft mbH

München Wien Zürich

80797 München

© 2003 BLV Verlagsgesellschaft mbH, München

Bildnachweis:

Titelei und Auftaktseiten:

S. 1: Ruth Rall (Amira & Michael); S. 2/3: Astrid Leis
(Buenos Aires, Stadtteil »La Boca«); S. 4: Clemens Kuby
(Mundo Burgos); 8/9: Ulli Seer, Erwin Geiss (Abrazo); S.
58/59: Ulli Seer, Ruth Rall (Amira & Michael); S. 99: Ulli
Seer; S. 144/145: Ulli Seer, Kenji Nozawa (Liliana
Nakada & Kenji Nozawa, Japan), S. 157: Elisabeth
Lucchesi (Noche de Tango)

In den Kapiteln:

Arrossi, Eduardo: 12; Behler, Henrike: 153; Geiss, Erwin:
9, 14, 60, 62 u., 100, 105 u.; Hölters, Peter: 151;
Krombholz, Gertrude: 11; Kuby, Clemens: 4, 16, 17, 18,
22, 63, 102, 112, 147; Leis, Astrid: 2/3, 7, 10, 14, 19, 20, 21,
22, 26, 61, 62 o., 101 o., 103, 103 o., 105 o., 105 o., 108, 109,
146 u., 148, 149, 150; Lucchesi, Elisabeth: 156; Nau,
Nicole: 15, 107; Nozawa, Kenji: 145; Rall, Ruth: 1, 13, 59,
104, 106, 146 o.; Seer, Ulli: 8/9, 21, 24, 25, 27, 28-57, 58, 64,
65, 66, 67, 68-97, 99, 101u., 110, 111, 113, 114-143, 144

Umschlaggestaltung: Sabine Fuchs
Umschlagfotos: Carlos Vizzotto, Ulli Seer

Layoutkonzept Innenteil: Sabine Fuchs

Lektorat: Annette Rose
Herstellung: Angelika Tröger

Repro: Repro Ludwig, A-Zell am See

Gedruckt auf chlorfrei gebleichtem Papier
Printed in Italy · ISBN 3-405-16306-4

Mehr Spaß am Tanzen

Gertrude Krombholz /
Astrid Haase-Türk
Easy Dancing
Langsamer Walzer, Wiener
Walzer, Tango, Marschfox/Fox-
trott, Discofox, Hustle, Cha-Cha-
Cha, Rumba, Samba, Mambo/
Salsa, New Merengue, Rock 'n'-
Roll mit Boogie und Jive: In
Bildserien mit über 300 Farb-
fotos werden die wichtigsten
Schrittfolgen und Figuren ge-
zeigt. Mit der speziell produ-
zierten CD gelingt es leicht
die Tänze zu erlernen.

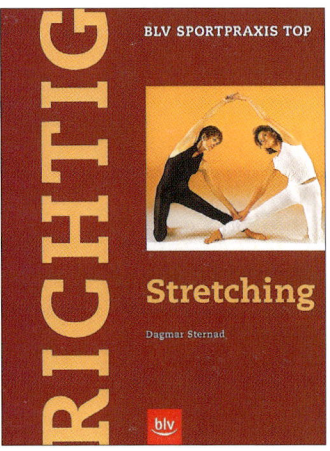

BLV Sportpraxis Top
Gertrude Krombholz /
Astrid Haase-Türk
**Richtig Tanzen:
Standardtänze**
Langsamer Walzer, Wiener Wal-
zer, Tango, Foxtrott/Quickstep,
Slowfox: Geschichte, Technik,
Grundschritte, Variationen und
Figurenfolgen für die Grund-
stufe und die Tanzabzeichen,
Musikempfehlungen.

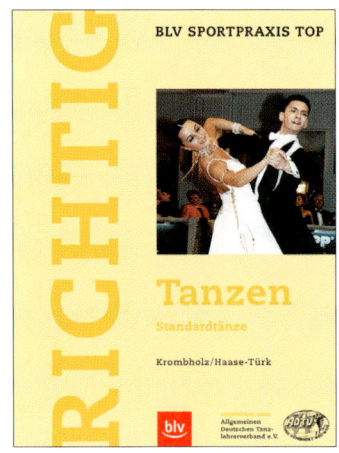

BLV Sportpraxis Top
Dagmar Sternad
Richtig Stretching
Mehr Körperbewusstsein,
bessere Atmung und Entspan-
nung mit Stretching: Anato-
mie, Physiologie, Training,
Übungen für alle Muskel-
gruppen.

BLV Sportpraxis Top
Gertrude Krombholz /
Astrid Haase-Türk
**Richtig Tanzen:
Lateinamerikanische Tänze**
Samba, Cha-Cha-Cha, Rumba,
Paso Doble, Jive, Mambo/Salsa:
Geschichte, Technik, Grund-
schritte, Variationen und Figu-
renfolgen für die Grundstufe
und die Tanzabzeichen, Musik-
empfehlungen.

BLV Sportpraxis Top
Wolfgang Mießner
Richtig Aerobic
Der Kompaktkurs für 1,4 Millio-
nen Aerobic-Aktive: Trainings-
einheiten, Grundschritte und
Armbewegungen, Bewegungs-
folgen und -kombinationen,
Technik, Musik.

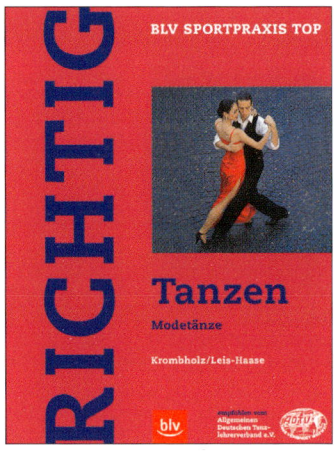

BLV Sportpraxis Top
Gertrude Krombholz /
Astrid Leis-Haase
**Richtig Tanzen:
Modetänze**
40 Modetänze von 1900 bis
heute mit Schrittfolgen und
Musiktipps: HipHop, Tango
Argentino, Mambo/Salsa, Disco-
fox/Hustle, Beat, Twist, Rock 'n'
Roll, Boogie/Jitterbug, Char-
leston, Polka, Française u.v.a.

BLV aktiv + gesund
Dieter Beh
Atemgymnastik
Richtig atmen – richtig entspan-
nen: Grundlagen und Übungen
zur Körperwahrnehmung, Aufbau und Funktion der Atemor-
gane, praktische Übungspro-
gramme zur Atemgymnastik.

Im BLV Verlag finden Sie
Bücher zu den Themen:

Garten und Zimmerpflanzen • Natur • Heimtiere • Jagd und Angeln • Pferde
und Reiten • Sport und Fitness • Wandern und Alpinismus • Essen und Trinken

Ausführliche Informationen erhalten Sie bei:

**BLV Verlagsgesellschaft mbH • Postfach 40 03 20 • 80703 München
Tel. 089 / 12 705-0 • Fax 089 / 12 705-543 • http://www.blv.de**